頭で投げる。

石川雅規

ベースボール・マガジン社新書
052

はじめに

2011年3月11日、午後2時46分。

そのとき、僕は横浜スタジアムのベンチ裏で体の治療を受けていました。最初にグラッと来た瞬間は「あっ、地震だな」という程度の感覚でしたが、たちまちいまだかつて経験したことがない大きな揺れに変化したので、身の危険を感じ、チームメートとともにグラウンド内へ避難しました。

照明塔が折れそうなほどに揺れていました。

とっさに思ったのは家族のことでした。同時にもうひとつ。横浜がこれだけ揺れたということは、もしこの付近が震源地でないとしたら、大変なことになっているのではないか、と——。

このたびの東日本大震災によって被災された皆さまに、まずは心よりのお見舞いを申し上げます。

僕は秋田県で生まれ育ちました。子供のころには体が弱かったことから、宮城県仙台市の病院にたびたび入院していました。石川雅規という人間の奥深くには、東北の水と空気と、そこで暮らしている方々の愛情が満ちています。

僕が「日本海中部地震」(83年5月26日)に遭遇したのは、3歳のときでした。かなりハッキリとした記憶があります。発生したのはお昼どき(11時59分)。デパートの食堂で母と昼食を取っているところでした。電気が消え、女性の「キャー」という叫び声が聞こえ、「テーブルの下に入りなさい」という母の声に従ってブルブル震えながらもぐり込みました。

あの地震では日本海に津波が発生。100人あまりの尊い命が奪われました。僕はまだ幼かったので、そこまで事態の深刻さを理解することはできなかったのですが、小学校に入ると道徳の授業で地震と津波の恐ろしさを学びました。

しかし、今回の震災による被害の大きさは、僕の想像の範ちゅうをはるかに超えていました。いまだ行方不明の方も数多くいらっしゃるという現実を前に、被災された方々にどのような言葉をかけたらいいのか。僕はなかなか適切な答えが見つけられずにいます。

石川雅規として、何ができるのか。何をやるべきなのか。

今回の震災によって思い知らされたのは、自分にとって当たり前の日常が、ある日突然、断ち切られるかもしれない、ということでした。

僕にとっては「野球をする」ことが日常です。3月11日以前は、球場に行って、練習をして、試合をして、という日々を何不自由なく繰り返していました。しかし今回、ごくごく身近で数え切れないほどの日常が、瞬時に断ち切られてしまった。そのなかで自分が生かされていることの意味、野球をやらせていただいていることの意味を考えるようになりました。

もしかしたら、明日、何の前触れもなく野球生活の終わりが来るかもしれない。

そう思ったら、自分という人間がこの世に生を受けた「奇跡」への感謝の心を忘れずに、プロ野球選手として今日という日を精いっぱい生きるしかない。そして、プロ野球の試合に触れることで、被災された方々がたとえ束の間であってもつらい現状を忘れることができたり、癒されたり、勇気づけられたりするのであれば、グラウンドに立って精いっぱいのプレーを見せるしかない。

これが今、石川雅規としてできること、やるべきことだと思っています。

野球は、ひとりではできないスポーツです。僕がピッチャーでいられるのも、18・44メートル先にキャッチャーミットを構えてくれる人がいるからです。僕が相手バッターを内野ゴロに仕留めようと思えるのも、バックで頼もしいチームメートが守ってくれているからです。僕がコンディションを整えてマウンドに立てるのも、陰でサポートしてくれる裏方さんがいるからです。

2010年のペナントレース。僕は開幕から6連敗を喫しました。約2カ月あまり白星がなく、チームには多大なる迷惑をかけてしまいました。1点取られると、2点目、3点目を取られたくないという恐怖心から腕はちぢこまり、逆に大量失点を招いてしまうという悪循環。球場へ行くことが怖くなりかけていました。

いつファーム降格を命じられても不思議ではない状況でしたが、当時の高田繁監督は僕を信頼して先発マウンドに送り続けてくれました。その結果、最終的に13勝8敗という成績を残すことができました。つくづく自分という人間は、人と人とのつながりのなかで生かされている存在なのだ、と感じています。

今回、この本では僕が歩んできた道のりと、さらにはピッチングにおける体の使い方やボールの握り方などについて書かせていただきました。自分自身、まだまだ発展途上の身ではありますが、精いっぱい書かせていただきました。

まことに恐縮ながら、この本を手に取っていただいた方にお願いがあります。もし、皆さんの周りに、身長の低さや体の細さに悩んでいる野球少年、野球少女がいたら、彼や彼女に「石川がこんなことを言ってるぞ」とひと声かけてあげてほしいのです。

その小さなつながりが、野球少年、野球少女にとっての大きな希望へと発展してくれたとしたら、僕にとってこれ以上の喜びはありません。

２０１１年５月

東京ヤクルトスワローズ　石川雅規

頭で投げる。　目次

第六章 いつかは追いつきたいあの人

編集協力　市瀬英俊
写　　真　ベースボール・マガジン社

第一章

窓ガラスを代償に磨いたコントロール

身長が低いからって、負けてはいられない

僕が生まれたのは1980年。誕生日は1月22日なので早生まれということになりますが、本来の予定日は3月だったと聞いていますので、文字通り2カ月ほど早く生まれてきたわけです。

体重は1800グラム。未熟児でした。一時は生死の境をさまよい、すぐさま仙台市の大きな病院に移されたそうです。

物心がついたときには、身の回りにグラブやバットがありました。野球好きの父の影響でした。父は中学まで野球をやっていたのですが、高校では家庭の事情もあって断念したそうです。それでも、大人になってからは地域の草野球チームでピッチャーを務め、県大会で優勝したことがあるんだぞと、よく自慢していました。

家が兼業農家を営んでいたこともあって、幼いころは父のあとをくっついて田んぼまで行き、バットで石を打ったり、石をエイヤッと投げてみたり。まだまだマネごとに過ぎなかったとはいえ、早くから野球に親しんでいました。

「お父さん、きょうは家に戻ってくるの、遅いなあ」

毎日、父の帰りが待ち遠しくて仕方なかったことを覚えています。なぜなら、一刻も早くキャッチボールの相手をしてもらいたかったからです。ただ、その一方で僕には悩みがありました。当時、アニメの『キャプテン翼』がはやっていたせいで、僕の心のなかにも「サッカーをやりたいなあ」という思いがあったのです。

野球か、サッカーか。自分自身では結論を出せないまま、父に相談してみました。するど、こう言われました。

「小学校の間は野球をやってみたらどうだ？　中学に行ったらサッカーをやっていいぞ」

今にして思うと、うまい具合に言いくるめられたというか、半分だまされたような気もしますが、当時は父の言葉をストレートに受けとめ、通っていた秋田市立下新城小学校のスポーツ少年団野球チームに入りました。小学3年のことです。

当初はチームの練習についていくのがやっとの状態でした。上級生にまざって軟式のボールを投げるのもしんどかったし、バットも重かったというのが偽らざる感想です。原因がどこにあったのかと考えれば、それはやっぱり体の大きさにあったと思います。小学、中学時代問わずクラスでは常に身長がいちばん低く、〝前へならえ〟をやれば決まっていつも先頭でした。

でも、だからといって負けるもんか。絶対に負けたくない。その思いが僕の原動力となり、苦しい練習にもついていけたのだと思います。

中学時代は、普通以下のピッチャーでした

試合に出られるようになったのは、小学5年のころでした。ポジションはピッチャーをやりつつ、一塁や外野を守るという感じ。ただ、困ったことがありました。一塁を守っていて、高い送球が来ると捕れないのです。身長が低いからです。

マウンドに立って投げていると、相手チームのベンチからヤジが飛んでいます。

「あいつ、ちっちゃくねえか。何年生だよ」

「3年じゃねえか」

子供だから容赦がありません。僕は恐怖を感じていました。もしかしたら、このまま身長が伸びずに止まってしまうんじゃないかと。138センチ。秋田北中学校に入

学した直後に測った身長、この数字は今でも頭にこびりついています。

ほんの少しでもいいから身長を伸ばしたい。この一心で、いろんなことにトライしてみました。たとえば、月並みですが牛乳を飲む。でも、無理やり飲んでいるうちに嫌いになってしまいました。同様に、チーズも無理やり口に運んでいました。ただ、そもそも基本的に食が細かったこともあり、高校に入学するころまでは食べるという行為そのものが苦痛でさえありました。キツイ練習のほうが、まだマシでした。

もうひとつ、トライしたのが通信販売です。少年マンガ雑誌の裏表紙に載っていた通信販売の広告のなかから「これで身長が◯センチ伸びる！」といった宣伝文句が書かれた、いかにも効果がありそうなグッズを購入。よく覚えているのが、ヨガのビデオテープです。心配してくれていた母と一緒に、そのテープを見ながらせっせと体を動かしました。いわゆる〝ぶら下がり健康器〟も家にありました。

しかし、残念ながら身長が劇的に伸びることはなく、コンプレックスを抱えたまま、ただ月日だけが流れていきました。

先ほど、相手チームから浴びたヤジについて書きましたが、いつからか僕の耳は、ある言葉に対して敏感に反応するようになってしまいました。いや、正確に言うなら、ある言葉に対してではありません。

たったひとつの文字に対して、僕はビクついていました。


ち。


「ちいさい」の「ち」です。この「ち」という音が聞こえてくるだけで、それが「ちいさい」という単語ではなくても、また馬鹿にされているんじゃないかと、僕は被害妄想に襲われていました。

でも、だからこそ、ナニクソという気持ちも沸き起こっていきました。絶対に野球では負けないぞ。体の大きい人には負けないぞと。しかし、そうやすやすと自分の思い通りに物事が進んだわけではありません。

当時、同じチームにあこがれのピッチャーがいました。僕よりもひとつ年上のその人はエースで四番。投げる球は速く、さらに身長も高く、「ああ、きっとこういう人がプロ野球選手になるんだろうなあ」と思わせるだけのズバ抜けた実力の持ち主でした。それが、のちにヤクルトで同じユニフォームを着ることになる鎌田祐哉さん（現東北楽天）です。

もうひとり、隣の学校に僕と同い年のすごいピッチャーがいました。彼もやはり球が速く、将来のプロ入りを予感させる存在でした。それが、現在は埼玉西武でプレーしている藤田太陽投手です。

僕自身、ばく然と「プロ野球選手になりたい」という夢を描いていましたが、鎌田さんや藤田投手と比べれば実力不足は明らかでした。左で投げられる、ただそれだけの理由でマウンドに立っている。中学時代の僕はそういうレベルの、普通以下のピッチャーだったと思います。

3年間続けることに意味があるんじゃないか

結局、たいした実績を残せないまま、僕の中学生活は幕を閉じました。身長160センチ行くか行かないかギリギリの中学3年生に、野球で名の知れた高校から誘いの声など掛かるはずもなく、進路をどうすべきか、しばらく悩むことになりました。

最初に頭をよぎったのは、自宅からも近い金足農業高校でした。ただ、練習がキツイらしいという話が伝わってきて、二の足を踏んでいました。すると、中学のクラス担任の先生にこう言われました。

「秋田商はどうだ。あそこは、硬式の野球部もあるし軟式の野球部もある。軟式だったら、石川でもやれるんじゃないか？」

なるほど、そういう選択肢もあるな。そう思わせてくれるアドバイスでした。僕の気持ちは「秋田商の軟式野球部に入る」に大きく傾き、一般入試を受けることを決意しました。そこで、父にその旨《むね》を伝えたところ、次のような言葉が返ってきました。

「軟式も悪くないと思う。でも、硬式をやっていれば、3年間頑張って続けることで甲子園に行くチャンスもある。レギュラーどうこうじゃなく、バッティングピッチャーでも3年間続けることに意味があるんじゃないか」

僕にとって甲子園は身近な存在でした。というのも、幼いころから甲子園大会のテレビ中継をよく見ていたからです。

石川家は厳格な父を中心に回っていて、夕食も父が帰宅するまで箸《はし》をつけられず、食事をするときは必ず正座。ちなみに箸を持つのも、字を書くのも、野球以外のことについてはすべて左から右に矯正させられました。

テレビもチャンネルを合わせることができるのはNHKのみ。ただ、野球中継だけは例外でした。当時の野球中継と言えば、そのほとんどが巨人戦です。僕も気付いたときには巨人ファンになっていて、篠塚和典さんやクロマティ選手のバッティングフォームをよくマネていました。

野球中継の視聴については寛大だった父ですが、同じ野球でもプロではなく高校野球を見るようにしろ。それが父の考えであり、口癖でした。したがって、春休みにはセンバツ、夏休みには夏の甲子園、自然と高校野球を目にするようになりました。

そこで感じた、甲子園でやってる高校野球ってすごいんだなという思い。毎年、春と夏に感じた思いが記憶として積み重なり、その記憶はずっと心の奥にしまわれていたのですが、父の言葉によってずっとしまわれていた記憶がよみがえったのです。ふっと、よみがえったのです。

秋田商に入ったら、球拾いでもいいから硬式でやってみよう。自分の心に踏ん切りをつけた瞬間でした。

決められたことだけやっていてもダメである

1995年の春。僕は秋田商硬式野球部の一員になりました。

同期の1年生は25人ぐらい。そのうちの約半数がピッチャー志望でした。なかには中学時代に活躍した有名なピッチャーもいて、とてもじゃないけど僕には無理。そう思ったのはまぎれもない事実です。

秋田商は80年の夏を最後に甲子園から遠ざかっていましたが、久しぶりの聖地出場を目指して練習は早朝と放課後、かなりの時間に及びました。もちろん1年生は上級生よりも早くグラウンドに来て、上級生よりもあとに家路につきます。昔ながらの厳しさがまだ残っていました。

ところが、当時の小野平監督が厳しさのなかでも理不尽な厳しさ——たとえば、しごきと言われるような猛練習——をチームからなくそうと取り組んでくださったおかげで、下級生にとってはやりやすい環境が作られ、僕自身、野球が嫌いにならずにすみました。

また、小野監督は〝1に練習、2に練習〟という指導法ではなく、毎週月曜日をコンディショニングの日と定めていました。この日は、自分に何が足りないかを考え自分でメニューを決めて練習をしていきます。僕は体力のなさを痛感していたので、走り込みをよくやりました。グラウンドの隣にあった400メートルトラックを、タイムを設定して何周も走ったり。あるいはショートダッシュを何本もやったり。走ることは苦手だし、できればやりたくないことでしたが、ほかの選手に負けたくないという一心で、とにかく走りました。

コンディショニングの日があったおかげで、自分でいろいろ考えて練習をする意識づけができたと思っています。そして、この意識づけは、プロ野球選手となった今でも大いに役立っています。決められたこと、与えられたことだけをやっていてもダメなんだと。それを気付かせてくれた小野監督には、感謝の気持ちでいっぱいです。

球拾いでもいいと思って入った硬式野球部。とてもじゃないけど無理だと思った高校1年の春。しかし、ある日、転機が訪れました。小野監督が僕に言いました。

「バッティングピッチャーをやってみろ」

相変わらず身長は低く、速いストレートを投げられるわけでもない僕でしたが、ひとつだけ武器となるものがありました。

それがコントロールです。

まだまだ頼りない武器でしたが、それでも僕にとっては唯一の武器。制球力の源になったのは、幼いころから何年も続けてきた父とのキャッチボールでした。

しっかり胸に投げろ！

毎日、仕事帰りの父とキャッチボールをするのが楽しみだったことはすでに書きましたが、いざキャッチボールが始まったあとの空気は、楽しみに満ちたものではありませんでした。

「しっかり胸に投げろ！」

父のこの言葉、何度耳にしたことでしょうか。相手の胸付近めがけてボールを投げるというのはキャッチボールの基本なので、厳しい口調での指導も当たり前のことだとは思います。ただ、父の場合、その〝徹底ぶり〟が尋常ではありませんでした。

ほんの少しでも、グラブを構えた場所からボールがそれると捕ってくれないのです。父の背後に転がっていったボールを取りに行くのは、もちろん僕の役目です。

投げる。それる。走ってボールを取りに行く。走って元の場所に戻る。投げる。それる。走ってボールを取りに行く……。同じことが何度繰り返されようが、父に一切の妥協はありません。

「ガシャン！」「パリン！」

ボールが大きくそれて、父の背後の窓ガラスが割れたことも一度や二度ではありません。

「オマエがしっかり投げないから、ガラスが割れるんだ！」

父の言葉がトゲを帯びます。だったら捕ってくれればいいじゃないか。僕はブツブツと胸のなかで不満を爆発させながら、仕方なくまたボールを取りに行きます。

今にして思うと〝なんでそこまでしてやってたのかな〟という気もしますが、当時はどれだけ厳しくされても野球がやりたかった。どんなに怒られても野球が楽しかった。これに尽きると思います。

週末にスポーツ少年団の試合があると、父は必ずグラウンドに足を運んでくれました。そして、家に戻ると〝ダメ出し〟が始まります。

「あのときのスイングはこうすべきだろ。投げ方はこうじゃないか」

監督のような口ぶりの父。ダメ出しは週末の恒例行事でした。ほめてもらった記憶はありません。それでもグラブとボールをゴミ箱に捨てなかったのは、やはり父の言葉が体に染みついていたからでした。

「プロになる、ならないじゃなく、ひとつの物事をやるならとことん頑張れ。途中で投げ出すな」

中学卒業とともに野球を断念せざるを得なかった父にしてみれば、自分自身できなかったことを子供にやらせたいという気持ちが強かったのだと思います。妥協を許さない指導の一方で、自宅の敷地内に18・44メートルの投球練習スペースを作ってくれたり、さらには小屋の天井からボールを吊るしてバッティング練習の場所を作ってくれたり。子供心に感じた父の情熱。

僕は手作りのマウンドに立ち続けました。

父は変わることなくそれたボールをスルーし続けました。

そんな日々は高校2年のころまで続きました。

ただ、硬球を投げ始めてからは、さすがにスルーすると危ないので父も捕球してくれるようになりました。そして、僕が全力で投げたボールに対して「怖い」という言葉が父の口から漏れ始めたとき、なんとも言えずうれしかったことを覚えています。

やっと逆転できたかなって。

父のちょっぴり強引な手ほどきによって、少しずつ、少しずつ、磨かれていった僕の武器、コントロール。ある程度狙ったところに投げられるという手ごたえは、バッティングピッチャーとして先輩相手に来る日も来る日も何百球と投げることによって、より確かなものになっていきました。

硬球はこうやって投げればいい球が行くんだ。狙ったところに投げられれば、バッティング練習でも詰まらせることができるんだ。毎日が新たな発見の連続であり、投げることに面白さを感じる時期でした。

何百球も投げることによって、体のあちらこちらが筋肉痛を起こしたり左肩が張ることもたびたびありましたが、そのなかでも投げられる投球フォームが身に付いたのもこの時期でした。

なんとなくの積み重ねでは通用しない

控えピッチャーのひとりとして初めてベンチに入ったのは、高校2年の春でした。ストレートの球速は120キロ程度であり、中学時代同様に普通以下の実力しか持ち合わせていなかったのですが、そこそこコントロールがいいピッチャーをひとりベンチに入れておけばなんとかなる、という考えが監督にあったのだと思います。また当時、左投げのピッチャーが僕だけだったというチーム事情も、チャンスを与えられた一因だと思います。

夏の県大会では背番号11をもらって公式戦のベンチに入りました。そして、チームは準決勝まで勝ち上がりました。

準決勝の相手は秋田経法大付属高校（現明桜高）。このチームにはあこがれの先輩、鎌田さんがピッチャーとして在籍していました。

試合は1対2のスコアから秋田商が3回表に3点を奪って逆転に成功。しかし、その裏の守りで秋田経法大付に2点を奪われ4対4。一進一退の展開のなか、僕にリリーフ登板の指令が下りました。

この大会、それまでにも登板機会がありましたが、準決勝の空気は特別でした。甲子園まであと2勝に迫った大舞台。相手の秋田経法大付は直前におこなわれた春の東北大会でベスト4に入った強豪。

まして、敵のベンチには鎌田さんがいる。この日、鎌田さんがマウンドに立つことはなく、直接投げ合う形にはなりませんでしたが、なんとか先輩の前でいいところを見せたい。鎌田さんを越えたい。そうしたさまざまな思いが緊張につながり、気が付けば浮き足立つ自分がいました。

結果は3回裏にさらに1点、4回裏に3点、5回裏にも1点を失い、6回途中に交代。そして、最終スコアは4対11。8回コールド負けでした。

それまでの試合では、それなりに相手バッターを抑えていたんです。ただ、振り返ってみると、なんとなく抑えていたにすぎなかった。なんとなくバッティングピッチャーをやらせてもらって、なんとなく背番号11をもらって、なんとなく抑えていた。そのなんとなくの積み重ねが、ガタガタと音を立てて崩れていきました。

コントロールという武器があったといっても、球種は速くないストレートとカーブだけ。そのカーブも弾力のないゴムのようにビヨーンと曲がるキレのないカーブ。

「おい石川、そんな実力で抑えられるほど甘くねえんだよ」

鼓膜を突き破るほどの音量をともなって、体の内側から聞こえてきた声。絶対的な実力不足もさることながら、メンタルも弱かったと思います。

試合後、いまだかつてないほどに涙があふれてきましたが、実は試合中から半ベソをかきながら投げているような状態でした。今にして思うとまるでピッチングに集中できていなかった。もっともっとバッターにだけ集中して、思い切り勝負すべきだった。鎌田さんにいいところを見せようとか、ボコボコ打たれたからと言って目を潤ませたりだとか、ゲーム中に別のことを考えている時点でダメなんです。

そんな自分のふがいないピッチングによって、3年生にとっての最後の夏をつぶしてしまったという現実。

あれから約15年の歳月が流れました。いまだに試合のビデオを再生する気にはなれませんが、何かの拍子にふと思い出すことがあります。

自分はなんと精神的に未熟だったのだろう、と。

やめる勇気があるなら続けられる

背番号1をもらったのは、高2秋の県大会直前のことでした。

チームはもちろん翌春のセンバツ出場を目指していて、もしかしたら行けるんじゃないかという淡い期待感を僕自身ひそかに抱いていたのですが、県大会の1回戦で横手工業に敗れ、早々と甲子園への道は閉ざされてしまいました。

この試合、僕は1点ビハインドの状況でリリーフとして登板。チームは0対1で敗れただけに、やり切れない思いを抱いたことを覚えています。監督はどうして僕を先発させてくれなかったんだって。

悔しさという名のガスが心に充満しました。でも、結局は全幅の信頼を寄せられるだけの力がなかったのだ。そう悟ってからは心にたまったガスをエネルギーに換え、最後の夏に向かって再スタートを切りました。

具体的に取り組んだこと。それは走ることでした。

毎週月曜のコンディショニングの日に走り込んでいたことはすでに書きましたが、冬場になるとグラウンドには雪が積もりボールを使った練習ができなくなるので、毎日、ただひたすら原始的に走っていました。正直、雪のなかではジョギングさえもしんどいのですが、長靴をはいてレフトのポールとライトのポールの間を走ったり。いわゆる〝ポール間ダッシュ〟というメニューです。

登校前にも、朝早く起きて家の周りを走りました。……いや、この書き方は事実に反します。ごめんなさい。朝早く父に起こされて家の周りを走らされました、というのが本当のところです。

「走れ、走れ！」

オートバイで伴走する父の声にせき立てられ、僕はゼーゼー息を切らしながら、必死に足を動かしました。

ひと口に「走る」と言ってもいろんなメニューがあります。野球教室などで子供たちから「どういうメニューをやればいいですか？」と聞かれることもありますが、僕の答えは「全部必要」です。

野球には攻守交代があるので、常に走りっ放しというわけではありません。しかし、心肺機能を高めるためにも長距離走は必要です。また、長い距離をゆっくり走ることによって体にたまった疲労物質を除去することもできます。

中距離走も必要です。先発ピッチャーは長いイニングを投げなくてはなりません。しかし、攻守交代を繰り返すなかで、少しずつ疲労がたまっていきます。したがって味方が攻撃している間に疲労を回復させることが求められますが、あっさり三者凡退で終わってしまうことも珍しくないでしょう。そのときマウンドで最大限の力が発揮できるように、中距離を思い切り走ったあと、ちょっとの休み（インターバル）をはさみ体力の回復を図ってから、また走る。このランニングを積み重ねることによって、ピッチャーに必要な持久力がアップしていきます。

そして、短距離走も必要です。ピッチャーはバント処理の場面、あるいは一、二塁間にゴロが飛んだ場面でダッシュが求められるからです。

長距離走、中距離走、短距離走。すべてのランニングには意味があります。その意味をそれぞれしっかり踏まえたうえで、走ることが大事になってきます。

高校時代、ランニングのメニューに関しては投手陣が〝ああでもない、こうでもない〟と自分たちで考えて作っていました。そのため、飽きずに走ることができました。つらい練習をやるうえで「飽きない」というのは重要なポイントだと思います。そして、飽きないということは、継続的な練習ができていることを意味しています。

練習を続ける。

練習をやり抜く。

そもそもの性格として、僕は鋼《はがね》の意思を持っているタイプではありません。たとえば、夏休みの宿題にしても毎日コツコツやるのではなく、最後にまとめてやるほうでした。野球の練習にしても、逃げ出そうと思ったのは一度や二度ではありません。イヤならさぼっちゃえよ、という悪魔のささやきが聞こえてきたのも二度や三度ではありません。でも、いざ始まると、隣の人には絶対に負けたくないと思ってしまう。たとえ乗り気じゃなくても、いざやり出すと頑張ってしまう。

一歩でも前へ。

一秒でもいいタイムで。

そういう気持ちでやり続けてきたことが、今の自分を作り上げてくれました。

小学校、中学校、そして高校と、何人もの仲間がチームを去っていきました。それぞれ事情があってのことでしょうが、子供心に感じたのは、どうして好きだった野球をやめられるのだろう、やめる勇気があるのなら続けられるんじゃないか、ということでした。

そう、勇気。僕には、やめる勇気がなかった。

好きで続けてきた野球。周囲の人たちにも応援してもらってきた。それを振り切ってまで「野球をやめます」とは言えなかった。やめたいと思ったことも何度となくあったけど、最後のひとことが言えなかった……。

「やめます」と言える勇気があればどんなに楽かと思ったこともありましたが、今こうして振り返ってみると、本当にやめなくてよかったと思います。

僕は、ときどき不思議な感覚に襲われます。


どうしてプロ野球選手になれたんだろう。


普通以下のピッチャーでしかなかったのに、どこでどう間違ってこうなったのか。思えば高2の秋、背番号1をもらったときから、ずっとずっと胸の奥底でうごめいている不思議な感覚。ＹＳマークの帽子をかぶり、背番号19のユニフォームを着て、神宮球場のマウンドに立っているのは確かに石川雅規、僕自身なのに、自分が自分ではないような気がするのです。

どうしてプロ野球選手になれたんだろう。答えはいまだによく分かりませんが、ひとつ言えるのは、途中で野球をやめなかったから。これだけは間違いありません。

継続は力なり。この言葉をすべての子供たちに送りたいと思います。

走り続けた高2の冬。年が明け、地面を覆っていた雪が解け、僕はランニングの成果を実感することになりました。秋季大会では125キロほどだったストレートのスピードが、最速135キロぐらいへとアップしていたのです。

春季県大会がすぐ目の前に迫っていました。

球が速くなくても、バッターは抑えられる！

ひと冬越して、アップしていたのはストレートの球速だけではありません。ストレートのキレも明らかに増していました。また、制服やユニフォームがきつくなったことから、体の厚みが増したことも自覚できました。

ただ、残念ながら縦方向については劇的に体が成長する気配がなく……。この小さい体をどう使えばいいボールを投げられるのか。それが僕にとって大きなテーマであることに変わりはありませんでした。

どういう投球フォームで投げれば体の大きな選手と対等に戦えるのか。小学生のころ、バッティングについては篠塚さんやクロマティ選手のフォームをマネて打っていたことはすでに書きましたが、投球フォームについても同じくプロ野球選手のマネから入りました。

まず参考にしたのは、巨人の桑田真澄さんです。左と右の違いはありましたが、雑誌の分解写真を見て研究を重ねました。そこにはやはり速球派ピッチャーに対するあこがれもあったと思います。同じ巨人の槙原寛己さんもあこがれの対象でした。

ところが、ある一人のピッチャーが、僕の投球観を一変させました。

中日の山本昌さんです。

90年代の前半、巨人戦でたびたび好投する山本昌さんの姿は、ジャイアンツファンの僕の眼にいかにも憎たらしく映っていました。「また山本にやられたよ」。何度、不機嫌にさせられたでしょうか。

しかし、同じサウスポーとして見た場合、山本昌さんは僕にとって格好の教材でした。それまでと違う視点で見るようになったきっかけは、父のひとことでした。

「球が速くなくても、バッターを抑えられるんだぞ」

確かに山本昌さんのストレートは、ずば抜けて速いわけではありません。それなのに、多くのバッターがストレートに詰まる。なぜだろう。考えました。今だったら理由は推察できます。ひとつはストレートのキレ。そして、そのストレートを生かす配球、すなわち緩急の使い方。

ただ、高校時代はそこまで考えが及びません。なんとなく分かっていたのは、どんなにいい変化球を投げてもストレートがよくなかったら変化球も生きてこない、ということでした。

ストレートあっての変化球。そこで僕は、平均130キロ台に突入したストレートを、とにかく内角と外角の両サイドにきっちり投げ分ける。このワンポイントを意識して練習を重ねました。そして実際、試合で両サイドにストレートを集められれば、いわゆる〝ゲームを作る〟ことができました。大崩れしないという意味です。

加えて変化球。僕は山本昌さんのシンカーをマネてみました。握り方は分からなかったけれど、どうすれば落ちるのか、いろいろ考えながら投げていました。もちろんそう簡単に習得できるわけもなく、1試合に2、3球投げる程度の使い方でしたが。

また、オリックスで活躍されていたサウスポー、星野伸之さんのスローカーブもマネてみました。

ストレート、カーブ、スライダー。そして、たまにシンカー。これが高校3年当時の僕の全球種でした。

バッティングピッチャーの特権を生かせ

ストレートを両サイドに集めながら、3種類の変化球を操っていく。その結果としてバッターをどう打ち取るか。僕にはひとつの理想形がありました。それは内野ゴロを打たせることです。

僕がバシバシ三振を取るタイプのピッチャーでないことは、皆さんもよくご存じだと思います。高校時代も同様で、ほとんど常にランナーを背負った状況で投げていました。そのとき狙うのが内野ゴロを打たせてのダブルプレーです。

たとえば、右バッターの内角にしっかりストレートを投げることができれば、バットの根元に当たって詰まらせる確率が高くなります。また、右バッターの外角にきっちりコントロールよくストレートを投げることができれば、バットの先端に当たってやはり力のない内野ゴロが飛んでいく確率が高くなります。

ブルペンでの練習方法としては、たとえば右バッターの内角に10球投げると決めたら10球行くまで20球でも30球でも投げるようにしていました。目標を決めずだらだらと投げ続けることはしません。

ただ、ブルペンでの投球練習以上に重視していたのが、僕の原点でもあるバッティングピッチャーでした。背番号1をもらってからも、打撃練習が始まると積極的にバッターと向き合っていました。すると、ブルペンでは見えないことが見えてくるのです。おっ、ここに投げればバットの芯を外すことができるのか。うーん、ここだと外野にライナーで持っていかれるなあ。このようなダイレクトな実感は〝バッピ〟ならではの「特権」だと思います。

いまだにバッピは大好きです。春季キャンプで練習メニューに組み込まれると、今年はどんな新発見と巡り合えるのか、本当にワクワクしてきます。

のちほどくわしく書きますが、僕にとってバッターとの勝負、その本質は「タイミングのずらし合い」にあると思っています。

いかにしてバッターのタイミングをずらすか。タイミングをずらすことができれば、バットの芯を外す確率が高くなります。バットの芯を外すことができれば、バッターを打ち取る確率が高くなります。

先発ピッチャーにとって究極の目標はパーフェクトゲームです。1回から9回まで、ひとりのランナーも出さず計27人のバッターを打ち取る。ただ、どうやって27個のアウトを積み重ねようとするのか。その方法論にはピッチャー各個人の「哲学」が表れます。

27人のバッターをすべて3球三振、全81球で打ち取ろうとするのか。

27人のバッターを1球ずつ、全27球で打ち取ろうとするのか。

考え方は2つに分類できると思います。僕はどちらのタイプであるか。あらためて答えを言うまでもないでしょう。もちろん後者、27球タイプです。

すべてのバッターが初球に手を出し、凡打に仕留めることができれば、ピッチャーにとってこれ以上楽な話はありません。

どうすればエネルギーを浪費することなく楽にアウトを取れるか。高校生らしからぬ哲学かもしれませんが、当時の僕はそんなことを考えながらマウンドに立っていたのです。

甲子園で痛感した全国のレベル

97年の春季県大会。秋田商は決勝まで勝ち上がり、続く東北大会の出場権を手にしました。決勝では金足農に2対3で敗れましたが、ゲームで投げるたびに自信を深めていったのがこの時期でした。

迎えた春季東北大会。1回戦で青森の弘前南高を7対0で下すと、2回戦では岩手の花巻東高に1対0で勝利。そして準決勝。相手は宮城の仙台育英高でした。当時の仙台育英と言えば、94年から3年連続で夏の甲子園に出場中という東北きっての強豪。レギュラーのなかには、のちのプロ野球選手が2人いました。ひとりは、現横浜の新沼慎二選手。もうひとりが、青学大とヤクルトでチームメートとなった志田宗大選手です。このときはまさか志田と長い付き合いになるなんて思いもしなかったのですが、人間の縁とは不思議なものです。

準決勝の結果は4対5。敗れたとはいえ、仙台育英と接戦を演じたという事実は、来るべき戦いに向けてチーム全体に大きな活力をもたらしました。

夏がやってきました。

自分のふがいなさに対して涙を流したあの日から1年。3つの季節を通り過ぎて、また巡ってきた暑い日々。僕たちは決して小さくはない自信をそれぞれユニフォームのポケットにしのばせたまま、甲子園へと続く階段を着実に上っていきました。

2回戦　対雄物川高　14対2（5回コールド）
3回戦　対大曲高　8対1（8回コールド）
準々決勝　対秋田工高　7対0（7回コールド）
準決勝　対大曲農高　12対2（5回コールド）

この結果が示す通り、夏の県大会は打線が絶好調でした。僕自身はすべての試合で先発、3回戦以降はひとりで投げ抜くことができましたが、攻撃陣の援護によって気持ちよく投げられたというのが率直な感想です。

決勝の相手はこれも何かの因縁なのか、僕が一度は進学を考えた金足農高でした。そして、この試合でも打線が爆発。計20安打の猛攻の末、17対2で勝利を収めることができました。ゲームセットの場面を僕はマウンドで迎えましたが、間違いなく野球をやってきたなかでいちばんうれしい瞬間でした。

小学6年のとき、学校の授業でオルゴールを作ったことがあります。箱の〝彫り物〟のデザインはもちろん自分でやったのですが、どんなデザインにしたのか、すっかり忘れていました。

今から何年か前、実家に置いてあったオルゴールを見て、そうだったんだと、遠い記憶がおぼろげによみがえりました。刻まれていたのは、甲子園の三文字と甲子園球場をモデルにしたスタジアム、でした。幼いころ、テレビ画面の向こう側にあった夢の世界へ。ふだんはほめてくれない父が、甲子園出場を決めたときだけはねぎらいの言葉をかけてくれました。「よかったな」と。

そして、いざ踏みしめた全国の舞台。

そこにいたのは、浮き足立つ自分でした。精神的な弱さは克服できたはずなのに、僕は平常心を保つことができませんでした。1回戦に勝利を収めたことで秋田商は2試合戦い、僕はその2試合とも完投したのですが、断片的な記憶しかありません。

とても暑かったこと。マウンドからホームまでの距離が20メートル以上に感じられたこと。2回戦の相手が沖縄の浦添商高だったため、指笛の音量が凄まじかったこと。送りバントを試みた際、内角に来た球をよけきれず手の指に当たって痛かったこと。そして、全国のレベルを痛感したこと。

1回戦の相手は島根の浜田高校でした。秋田商と同じ公立校とあって、組み合わせが決まったときにホッとしたことを覚えています。ところが、試合が始まってビックリしました。2年生の左腕ピッチャーが投げるストレートが、実際のスピードはそれほどでもないのに、140キロぐらいに感じるのです。

ストレートのキレ。伸び。これが「全国」なのか。県大会で4割6分9厘という高いチーム打率を記録した攻撃陣が8回終了時点でシングルばかり4安打、得点は1点に抑えられました。

秋田商ナインのバットを眠らせたサウスポー、それが現福岡ソフトバンクの背番号21、和田毅投手でした。

1対3で迎えた9回裏。2本のシングルヒットで無死一、二塁とすると、続くバッターの送りバントを処理した和田投手が一塁へ悪送球。カバーに入った右翼手のエラーも重なって秋田商は一気に同点に追いつきました。無死三塁から浜田高は満塁策を取り、2人のバッターを歩かせ無死満塁。一打サヨナラの場面。ここで打席に入ったのが、僕でした。

結果は押し出しの四球でした。このとき、一塁へと向かう途中にちらっと視界に入った和田投手の、ぼう然と表現するより他にない表情を忘れることができません。9回表を終わって2点のリード。そこからまさかのサヨナラ負け。3年生に対する「申し訳ありません」との思い。レベルの差こそあれ、1年前に涙を流した自分自身の姿と重なる部分がありました。

のちに和田投手と会ったとき、試合の思い出話に花が咲きました。

「オレたちは負けたと思ってたよ」と石川。

「僕たちは勝ったと思ってました」と和田。

翌98年の夏。当然、心中期するものはあったのでしょう。3年生となった和田投手が再び甲子園のマウンドに立ったことを書き添えておきます。

「頑張りたいです」では勝てない

さて、秋田商の2回戦。相手はすでに書いた通り浦添商高でした。

結果は4対8。1回表に先頭打者本塁打が飛び出して1点を先制したのもつかの間、2回裏に2点、3回裏に2点、4回裏に1点を失うという展開の末、必死の反撃も及ばず秋田商は甲子園を去ることになりました。

僕が打たれたヒットは14本。完敗でした。でも、涙がこぼれることはなかったように記憶しています。

やるだけやった、という充足感の表れではありません。終始、ピッチングは浮き足立ったまま、そして試合が終わってもなお夢心地の自分がいました。

今にして思うと、甲子園で勝つことに対する本気度が足りなかった。甲子園に出られることで満足した部分があった。それは悲しいかな否定できません。

ご存じの方も多いかと思いますが、僕たちが浜田高相手に勝利を収めて以来、秋田県の高校は夏の甲子園で白星を上げることができずにいます。つまり、2010年の大会まで13年連続で初戦敗退ということになっています。

他の都道府県チームと比べて、秋田県勢の実力が決定的に劣っているわけではないと思います。あらためて記録を調べてみましたが、この13年の間に春のセンバツ大会では04年と06年に、いずれも秋田商が2勝ずつしています。また、夏の13個の黒星にしても1点差ゲームが4つ、2点差ゲームが2つ。実力差は13連敗という事実ほどには大きくないと思います。

そのなかで、しかし大きな違いがあるとすれば甲子園に臨む「意識」ではないでしょうか。

「頑張りたいです」と言うのが秋田の子。

「全国優勝を目指します。絶対に勝ちます」と言うのが他の都道府県の子。

漏れ伝わってくる大会前の選手コメントについて、僕はこういう印象を持っています。振り返って、自分自身が〝頑張りたいです派〟でした。ここに後悔があります。

甲子園に出るという目標が達成できただけで満足してしまうのか。それとも、その先をしっかり見すえるのか。しっかり見すえるからには、日ごろからそのための練習を積み重ねる必要があります。

甲子園では試合当日、プレーボールの2時間ほど前に各メディア合同の取材タイムが設定されています。記者の方々が10分ほどの短い時間のなか、それぞれお目当ての選手や監督に対して次から次へと質問を投げかけていくのですが、聞くところによるとここ最近、秋田県勢への質問はまず連敗話からスタートしているそうです。

そのチームが甲子園で負け続けているわけでもないのに。選手たちもおそらく回答に窮していることでしょう。質問を浴びることによって、選手たちの肩には多かれ少なかれ余計なプレッシャーがのしかかっているはずです。

本来は背負う必要のないプレッシャーですが、のしかかってしまった以上は選手それぞれが打ち破っていかなくてはなりません。

ただ、いつもより重くなった体を軽くしようとして、ふだんやっていない野球、つ

高校3年の夏に甲子園のマウンドに立った著者。当時について「甲子園で勝つことに対する本気度が足りなかった」と振り返る

まり〝よそいきの野球〟をやろうとしても、事態は好転しないでしょう。自分たちのグラウンドで積み重ねてきた野球をそのまま出せるかどうか。ここが勝負です。そしてできれば、その積み重ねてきた野球が全国の頂点を意識したものであってほしい。僕はそう願っています。

野球は積み重ねのスポーツです。攻撃する側は、得点を1点ずつ積み重ねていくことで勝利を目指します。満塁ホームランが出れば一気に4点入りますが、満塁の状況を作るためには3人のバッターがひとつずつ塁を埋めていくという積み重ねの作業がやっぱり必要になります。

一方で、守備に就いた側は、アウトを1個ずつ積み重ねていくことで勝利を目指します。トリプルプレーが決まれば一気にスリーアウトとなりチェンジになりますが、トリプルプレーを成立させるには打球をしっかり捕球して、キャッチしたボールをしっかり送球して、しっかりベースタッチする、もしくはしっかりランナーにタッチするという作業が必要になります。これもまた積み重ねです。

自分たちが連敗を止めてやる、と考えるのではなく、各自が目の前のプレーに集中することで勝利への道は開けてくるはずです。そして甲子園で1つ勝利を収めることができれば、それが大きな自信となって2戦目以降はチーム全体も、選手個人も、どんどん成長を遂げていくはずです。

まずは、日ごろから高い意識を持って練習していく。僕自身の後悔と反省も踏まえたうえで、この言葉を全国の高校球児、なかでも秋田県の選手たちに送りたいと思います。

人と人とのつながりで青学大へ

甲子園での敗戦をもって幕を閉じた高校野球生活。卒業後の進路については当初、就職を考えていました。商業高校に通っていたことから簿記やマーケティング論など専門的な勉強もしていましたし、地元の銀行に入って仕事をしながら野球を続けていきたいというのが僕の希望でした。

ところが、人と人とのつながりが一本の運命という名の糸となり、その運命の糸によって僕は思ってもみなかった方向へと導かれていきました。

夏の県大会を前に、秋田商のグラウンドを訪れたひとりの男性。それが青山学院大学で現在も引き続き監督の座にある河原井正雄さんでした。

1949年生まれの小野監督と1954年生まれの河原井監督はともに青学大OBで、かねてより親交がある関係です。そして、このとき河原井監督は僕のピッチングを視察するために、秋田まで足を運んでくださったのでした。その結果、実力が認められれば青学大野球部への門戸が開かれるというわけです。もちろん、入学試験を突破したうえでの話ですが。

「このピッチャーだったら、いいですよ」

河原井監督は小野監督に向かってこうおっしゃったそうです。しかし、河原井監督の視線の先にあった〝このピッチャー〟とは当時の1年生ピッチャーで、僕の姿は視界の外にあったそうです。

「石川はあの小さい子ですよ」

「えっ？」

河原井監督の驚きの表情が目に浮かびます。「あの子で大丈夫かなと思ったよ」。真実を告げられたときの心境を、後日、河原井監督は笑いながら打ち明けてくれました。

結局、僕の青学大進学にはひとつの条件が付きました。「夏の甲子園出場」です。そして、条件を満たしたことによって最初のハードルはクリアしたわけですが、正直言って、大学で野球をやる自分の姿がなかなかイメージできずにいました。

あこがれの先輩である鎌田さんは、幼いころから「将来、オレは早慶戦で投げる」と言っていました。そして、その言葉通り高校卒業後は早大に進み、1年春の時点で早くも早慶戦のマウンドに立っていました。

ひるがえって僕は、東都大学リーグの存在さえも知らず、「アオガクって、どこにあるの?」という程度の認識しか持ち合わせていませんでした。青学大から97年ドラフト1位で福岡ダイエー(現福岡ソフトバンク)に入団した井口資仁さん(現千葉ロッテ)の名前も、青学大が野球の強豪であることも、東都リーグの舞台が神宮球場であることも、何もかも把握できていない状況でした。

進路の方向性が固まってからは、さすがに「やってやるぞ」という気持ちも沸いてきましたが、同時に底知れぬ不安感が襲ってきました。

果たして、自分の実力は通用するのだろうか。いや、たぶん無理だろう……。

何しろ甲子園で全国のレベルの高さを痛感したばかりです。全国的には無名の公立校でさえ和田投手のようなピッチャーがいるのです。

弱気の虫を必死になだめながら、僕は2番目のハードルであるセレクションと3番目のハードルである入学試験を経て、青学大野球部の一員となりました。

思えば、秋田商への進学を勧めてくれた中学の先生に端を発し、自主性を重んじてくれた小野監督、爆発的な攻撃力によって僕を甲子園に連れて行ってくれたチームメートたち、そして小野監督とのつながりによって大学進学という道に灯をともしてくれた河原井監督。さまざまな人との出会い、さまざまな人の支えがあったからこそ、今日の石川雅規があります。

どこかの場面でたったひとつでもピースが欠けていたら、ジグソーパズルは完成していない。僕自身の人生でありながら、自分ひとりじゃ何もできなかった。

ゆえに、不思議な感覚に包まれるのです。

自分が自分ではないような、不思議な感覚に包まれるのです。

第二章

キューバ選手に笑われたシドニー五輪

ひたすら走った地獄のキャンプ

親元を離れ、初めて体験する都会での暮らし。

東京に出てきてまず驚いたのは、駅などで遭遇する人々の歩行スピードでした。テクテクテクテク、タッタッタッタ、サッサッサッサ。次から次へと僕を追い越していきます。しばらくは流れに乗れずアタフタしてました。

戸惑ったと言えば、JRの山手線もそう。次から次へと同じデザインの電車がホームに入ってくるので、どれに乗ればいいのかまるで分からず。

周囲の人に尋ねればすぐ解決したのでしょうが、僕は秋田弁のなまりが気になって尻込みしていました。

そもそもの性格も人見知りをするタイプなので、果たして都会でやっていけるのかと、ここでも不安の2文字が胸のなかに広がっていきました。

そんな僕を救ってくれたもの。それはやっぱり人とのつながりでした。秋田商でバッテリーを組んでいた太田直（現秋田商野球部監督）が一緒に青学大野球部に入ったおかげで、都会での生活にもどうにかこうにか馴染んでいくことができたのです。

ただ、野球部の練習については簡単に馴染むというわけにはいきませんでした。初めて練習に参加したのは97年の12月下旬。千葉県鴨川市でおこなわれた冬季キャンプ。そこで僕は「恐怖」を植え付けられました。

異変は練習参加2日目の朝、その起床時、体に表れました。全身がつったのです。生まれて初めて味わう激烈な痛みでした。

全身がつった原因は、砂浜での徹底した走り込みにありました。僕も秋田ではそれなりに走り込んでいましたが、その積み重ねがまるで通用しないほどの「地獄度」なのです。砂浜で走ることがこんなにも苦しいとは。雪上の比ではありません。

練習スタートは朝の9時。まずは1時間ほど砂浜でランニング。もうこれだけでしんどいのです。続けて腹筋、背筋、2人1組での手押し車。チームを分けてのランニングでは、設定タイムより遅れると罰ゲームも待っています。

そんなこんなで3時間。昼休憩を取ったあとは、球場に場所を移してキャッチボール、投内連係の確認。全体練習が終われば隣接する陸上競技場のトラックでまたまたランニングです。

1日のトータルでどれだけの距離を走ったのか。気になる方もいるでしょうが、よく覚えていないというのが本当のところです。何しろ途中から気分が悪くなり、吐きながら走っていたほどですから。

高校と大学の決定的な違いを挙げるとすれば、妥協の有無だと思います。高校時代のランニングはサボる気になればいくらでも可能でしたが、大学では先輩たちがそれを許さない空気を作っているのです。誰ひとり妥協せず、手を抜くことなく走っている。それによってチームがひとつになっていく。僕もチームの一員として認められるためには、必死に食らいついていくしかないと思いました。

ただ、朝起きてみて全身がつったときには、これが4年間続くのか。とてもじゃないけどやっていけないんじゃないか。体が硬直して靴下さえ履けない自分自身に問いかけたことを覚えています。

年が明け、春におこなわれた鹿児島県指宿市でのキャンプにおいても、ひたすら走っていた記憶しかありません。宿舎からグラウンドまで片道7、8キロの道をまずはランニング。そして、到着後は2時間ほどみっちりと、100メートルダッシュの短

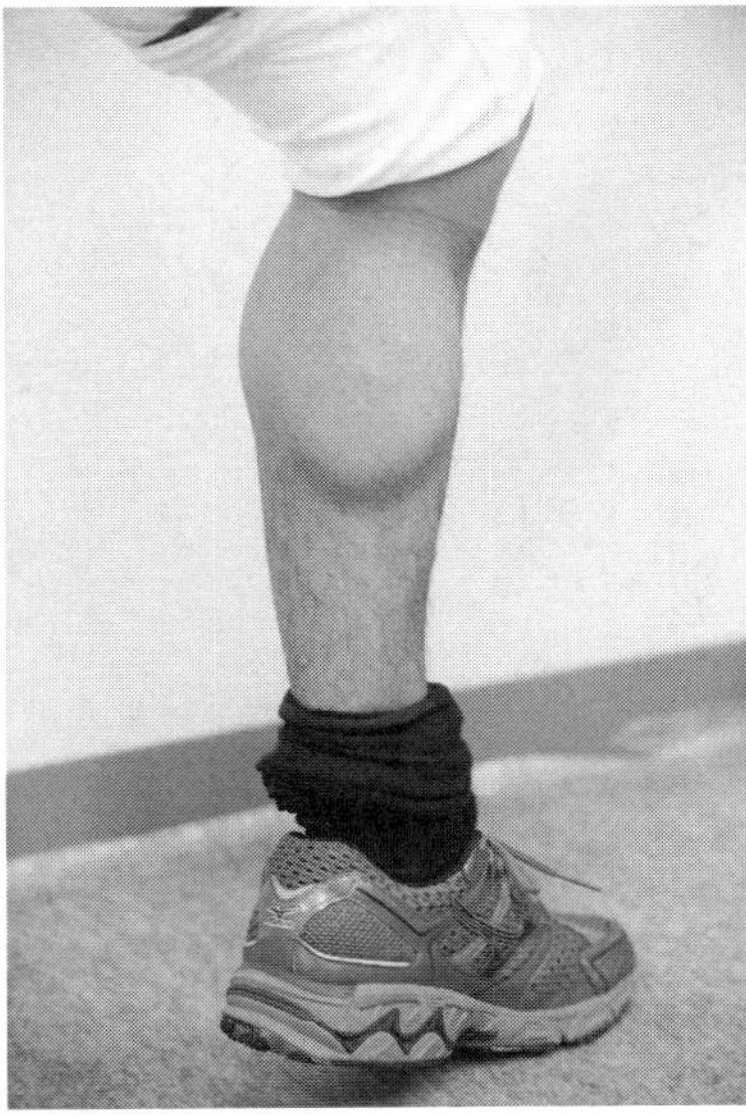

鍛え抜かれた著者のふくらはぎ。走り込みによって作られた強じんな下半身がピッチングを支えている

距離走から3000メートルの長距離走まで。100メートル単位でさまざまにメニューを組み合わせ、罰ゲームをからめながら走り込みは続きます。

午後はブルペンでの投げ込みと投内連係をはさんで、近くの山道を使っての往復ダッシュと、ここでも一切の妥協はありません。

しかし、地獄の先には明るい未来が待っていることを、僕はまもなく知りました。下半身をいじめ抜いたことでストレートの球速が高校時代よりもアップ、同時にキレも増したのです。

迎えた98年東都大学春季一部リーグ戦。僕はベンチ入りメンバーに名を連ね、新たな戦いの舞台に臨むことになりました。

キツイと思ったところから、もう一歩頑張れ

4月28日。青学大にとって3カード目となる対専修大1回戦で、僕はリーグ戦デビューを果たしました。

赤土のマウンド。ブルーで統一されたスタンドのシート。ここが神宮なんだ。目に

飛び込んでくる風景が僕を興奮させていきます。

対戦するバッターも、僕にしてみれば高校球界のエリート軍団のような顔ぶれなので、たとえ打たれても抱く感想は「悔しい」ではなく「やっぱりすげえなあ」といった調子。過酷な練習の反動なのでしょう、試合で投げさせてもらうことがやたらと楽しく、そういう意味ではまだまだお客さん気分だったと思います。

春秋通じて僕は9試合に登板。16回と3分の1イニングを投げて0勝1敗。そのすべてがショートリリーフでした。

大きな転機は翌99年の春季リーグ戦を前に訪れました。4年生が卒業し先発スタッフの組み直しが求められるなか、僕に白羽の矢が立ちました。

「おまえがやらなきゃいけない」

そう言ってくれたのは、2011年現在も河原井監督と二人三脚を組んでいる善波《ぜんば》厚司コーチでした。

善波コーチは僕が入部した時点で就任6年目、年齢も30代前半とまだまだ若く、情熱が全身にみなぎっていました。当然のことながら選手の指導にあたっているときの眼差しは厳しく、先ほど使った言葉になぞらえるならば、まさに〝地獄の番人〟のような存在だったと言えます。

「キツイと思ったところから、もう一歩頑張れ」

これが善波コーチのログセでした。

僕も何か言われると燃えるタイプなのでギシギシと悲鳴を上げる体にむち打って、善波コーチに勝ってやろう。その一心で練習メニューを消化していきました。

何しろたとえばキャンプでの投げ込み、その球数は500です。1週間で500球じゃありません。1日で500球なのです。

キャッチャーからボールが返ってきたら、即座にまた投げる。その繰り返しで計500球。俗に言うところの〝ちぎっては投げ、ちぎっては投げ〟という状態のピッチングです。もちろん球数を積み重ねていくことで体に疲労は蓄積されていきますが、余計な力が抜けた状態で反復練習をすることによって、自然体の投球フォームが固まっていったように思います。

おまえがやらなきゃいけない。そう言って僕のケツをたたき続けた善波コーチでしたが、ただ単にニラみを利かせるだけではなく、今の石川雅規につながる具体的なアドバイスをしてくれました。それが、ゆるいシンカーの握りです。

どの指でどうはさむかなど、握りの詳細については166ページ以降に記してあるのでそちらを見ていただくとして、我ながら驚いたのはアドバイスを受けてからあっという間に習得できたことでした。

「右バッターを抑えるために、新しい変化球を覚えてみろ」

善波コーチにそう言われてから1週間後、慶大とのオープン戦でまだ出来たてホカホカのシンカーを試すと、ぶっつけ本番ながらも2対1、完投勝利を収めることができたのです。

球速は110キロ前後。あまりにもスピードが遅くて、当初は投げるのが怖いとさえ感じたほどでした。ところが、一見したところ実に頼りないボールがストンと落下していくことによって、相手バッターのバットが面白いように空を切る。よほどシンカーという球種が僕の体、僕の投球フォームに合っていたのだと思います。

慶大戦での好投が評価され、僕は春季リーグ戦の開幕1カード目、対亜大1回戦で先発マウンドを務めることになりました。結果は4対3で青学大の勝利。僕にもリーグ戦初白星がつきました。するとその後も勝ち星を重ね、シーズンが終わってみれば先発した8試合すべてに完投して計6勝（1敗）。チームは6季ぶりの優勝を飾り、僕はMVP受賞という望外の喜びに包まれました。

一度でいいから神宮で投げてみたい。そんなささやかな目標を胸に秘め入部したのが、つい1年数ヵ月前のこと。

このシーズン開幕前の目標にしても、前年のチーム成績が春は最下位、秋は5位だったこともあって、まずは入れ替え戦を避けたいというものでした。

ところが、善波コーチからアドバイスを受けた日を境に、僕の野球人生は僕自身予想し得ない方向へと突き進んでいくことになりました。

東都リーグの代表として臨むことになった全日本大学選手権。初戦（2回戦）は東亜大に3対2でサヨナラ勝ちを収めると、1日の休みをはさんで準々決勝では九州産業大に2対1で勝利。翌日の準決勝では九州東海大を7対1で下し、決勝に駒を進めました。相手は東京六大学代表の早大。そう、あこがれの先輩である鎌田さんと、ともに先発ピッチャーとして投げ合う機会がめぐってきたのでした。

新球シンカーでつかんだ大学日本一の座

雨中のゲームとなった決勝戦。準決勝までの3試合、僕は先発、リリーフ、先発の順番でマウンドに立っていたため、これで3日連続の登板となりました。疲れがなかったと言ったらウソになります。でも、日ごろから連投に耐えられるだけの体作りをしてきたおかげで、踏ん張ることができました。この試合でも2回表に2点を失ったあと、4回裏に打線が3点を奪って逆転に成功してからは、大一番ならではの緊張感に包まれながらも気分よく投げられたことを覚えています。

鎌田さんが4回途中でベンチに退いたあと、早大の二番手としてマウンドに立ったのが、やはりのちにヤクルトでチームメートとなる藤井秀悟さんでした。すると青学大は藤井さんからも7回に1点、8回に2点を加えて6対2。結局、これが最終スコアとなりました。

プレーボールから2時間34分。27個目のアウトをスコアボードに刻み、チームにとって3年ぶり3度目となる大学日本一を決めると、僕は思わずマウンドで派手なガッツポーズ。次の瞬間には、体重60キロにさえ満たなかったコンパクトな肉体が、駆け寄ってきたキャッチャーによって軽々と抱き上げられていました。

当時、僕は取材を受けて次のように語っています。

「自分でもよく分からないんです。ホントにいいのかなって思ってるうちに、こうなっていました」

もし、善波コーチにシンカーの握りを教えてもらっていなかったとしたら。もし、慶大とのオープン戦で打ちこまれていたとしたら。もし、開幕の亜大戦で負け投手になっていたとしたら。たとえチームが大学日本一の座に就くことができたとしても、歓喜の輪の中心に僕がいる可能性はゼロに等しかったと思います。

続く秋季リーグ戦でも青学大は優勝、連覇に成功しました。そして、秋の大学日本一の座を懸けて明治神宮野球大会に出場すると、初戦（2回戦）の創価大戦において、もう二度とないであろうとてつもない体験をしました。

延長18回、1対1の引き分け。先発した僕は235球を投げ切りました。

終盤は、もうフラフラでした。試合内容はよく覚えていません。ただ、東都の代表として絶対に負けられない。相手ピッチャーよりも先に勝ち越し点を与えるわけにはいかない。春の大学選手権に続いて必ず日本一になってやるんだと、強固な意志が僕を突き動かしていたのだと思います。

そして、強固な意志によって突き動かされた僕の肉体も、日ごろのハードな練習の積み重ねが支えとなって、最後まで耐え抜くことができました。

「戦国東都」という言葉があります。

これは実力伯仲、優勝の可能性もあれば入れ替え戦に敗れ二部降格の危険性もある東都リーグの厳しさを、端的に示したフレーズです。

僕は入学早々、1年の春にベンチ入りメンバーとして入れ替え戦を経験しました。チームは国士舘大に2連勝を飾り崖っぷちからの脱出に成功したのですが、僕自身に登板機会はなかったものの、鼻から吸い込んだだけで肺がヤケドしそうな試合中のヒリヒリとした熱い空気を忘れることはできません。

もし、タイムマシンに乗ってもう一度大学野球をやり直すことになったとしても、東都の大学はちょっと気が引けるというのが率直な思いでもあります。

それほどまでに過酷な戦いを勝ち抜こうと思ったら、エースの座を任された人間はすべての責任を背負って、何がなんでもやらなきゃいけない。連投も当然のことだと思っていました。

プロ野球の先発ローテーションが「常識」とするなら、大学時代の使われ方は非常識に映るかもしれません。しかし、僕自身は連投や多くの球数を投げ続ける経験を積んだことで、技術的にも精神的にも成長できたと考えています。

「オレはあれだけの練習をやってきた。だから心も体も折れなかった」という自信は、今でも僕の胸で息づいています。

さて延長18回と235球。30歳を過ぎた今の自分が、投げていてイニング数と球数のどちらに〝しんどさ〟を感じるかと言えば、イニング数です。

たとえば8回終了時点で1対0とリード。球数は90とします。おそらく解説者の方々は「石川はまだまだ行けるでしょう。完封の可能性も高いですね」といった発言をされると思います。でも、実は僕自身はイニングを重ねているので意外にしんどさ

青学大では1年春に神宮デビュー。2年時にはエースとして、春秋連覇に貢献。大学選手権では日本一の原動力となった

を感じています。

アウトを3つ取ってベンチに戻る。そこで気持ちがリセットされる。リセットされた気持ちを、また作り直してマウンドに向かう。この繰り返し作業が精神的な疲れをもたらします。

一方、たとえば5回終了時点で1対0とリード。ただし、球数は100に届いていたとします。一般的な完投ペースを考えればかなりの多さですし、ランナーも相当出てピンチの状況をくぐり抜けてきているはずです。しかし、この場合100という球数はさほど気にならないというのが本当のところです。

スタンドやテレビの前のファンの方にしてみればヒヤヒヤものでしょうが、これが石川のリズムなのだ、という思いで声援を送っていただければ心強い限りです。

松坂投手とのギャップで貢献

延長18回引き分けとなった創価大戦。翌日の再試合は1対0で勝利。ただしこのゲームでは登板機会がなく、僕は大会3日目の準決勝、九州共立大との準決勝に中1日で先発しました。しかし、結果は1対2で敗退。春シーズンに続く大学日本一には手が届きませんでした。

青学大での戦いと並行して、この1999年の秋、僕は思ってもみなかったビッグな経験をさせてもらいました。それが翌2000年シドニー五輪の出場権を懸けたアジア予選のマウンドです。

まずは日本代表チームの選考合宿に招集されました。「ミスターアマチュア」と呼ばれる杉浦正則さんはじめ、そうそうたるメンバーに囲まれ、僕にとっては見るもの聞くもの、すべてが勉強でした。

「大学3年のとき、オリンピックがあるから頑張って」

青学大入学にあたり、こう言ってくれたのは母でした。でも、僕自身はオリンピックに出られるなんてこれっぽっちも考えておらず、せっかくの母の励ましにも「なに言ってんだ」とつれない態度を取ったことを覚えています。

したがって、その後正式にプロ・アマ合同の日本代表チームに選出され、古田敦也さん（当時ヤクルト）や松坂大輔投手（当時西武）といった一流プレーヤーと同じユニフォームを着たときは、ただただ夢心地でした。自分が自分ではない感覚に、このときも襲われました。

そして、あれよあれよという間に人生初の国際舞台。まずは予選リーグのフィリピン戦にリリーフ登板しました。続いて同じく予選リーグのチャイニーズタイペイ戦に、今度は先発として起用されたのです。

正直、日の丸の重みを感じている余裕はありませんでした。何しろキャッチャーミットを構えているのが古田さんです。ファミコンの野球ゲームのなかでプレーしているかのような錯覚にさえ陥りました。でも、だからといって自分を見失うこともなかった。不思議なほどに冷静な自分がいました。

ドキドキドキ、ドキドキドキ、心臓の鼓動は速いリズムを刻んでいましたが、自分がやることは野球なんだ。何も変わらないんだ。これまでやってきたことを信じ、1球1球、古田さんのサイン通りに投げ続けた結果、5回1失点。チームも9対1で勝利を収めることができました。

仮にこの試合を落としたとしても、日本の決勝リーグ進出はすでに決定しており、チャイニーズタイペイとはそこで再び顔を合わせることになっていました。韓国を含めた三つ巴の状況のなかで、シドニー五輪のキップは2枚。大一番となるチャイニーズタイペイ戦には松坂投手の先発が決まっていました。シンカーが生命線の僕と、剛速球が持ち味の松坂投手。このギャップを最大限活用することが日本チームの戦略だったと、何年かのちに当時の大田垣耕造監督から聞かされました。

そして狙い通り、決勝リーグのチャイニーズタイペイ戦では松坂投手が13奪三振の力投を見せ、チームは2対1のサヨナラ勝ち。出場権獲得につながる白星を手にすることができたわけですから、僕も少しは貢献できたのかなと思っています。

やがて年が明け、迎えた20世紀最後の夏。僕は再び日本代表チームのユニフォームに袖を通し、こちらはまもなく春が訪れようとしている南半球のオーストラリアへ渡ることになりました。

Sサイズの日本代表

史上初めてプロ・アマ合同チームで臨んだシドニー五輪。僕は予選リーグのオーストラリア戦とイタリア戦、そして準決勝のキューバ戦、以上3試合に登板しました。そのなかでもっとも印象深いマウンドを挙げるとすれば、初登板のオーストラリア戦になります。

高校3年の夏、甲子園で浮き足立つ自分に遭遇したことはすでに書きましたが、同様の経験をしたのはあと1度きり。それがこの試合でした。

先発した黒木知宏さん（当時千葉ロッテ）のあとを受けて、マウンドに立ったのは7対3と4点リードの9回裏。ランナーをためることだけは絶対に避けなければいけない場面。ふわふわとした感覚を相手に悟られないようにしながら、ひとつひとつ、アウトを重ねていくことだけを考えていました。

結果はヒットを1本許したものの打者4人で無失点。この本の執筆にあたり当時のビデオ映像を再生してみたのですが、ストレートのキレは現在よりも良いように思いました。また、ストライクゾーンは外角がかなり広く、そこに投げられればなんとかなる、という手ごたえをつかんだことを思い出します。

それにしても、20歳の石川雅規は細かった！

体重は確か60キロあるかないか。現在のベスト体重は75キロなので、10キロ以上スリムだったことになります。ユニフォームは、なんとSサイズ。誰かに言われました。「日本代表でSサイズを着たのは、オマエが初めてだよ」と。

キューバ戦の8回途中からリリーフ登板したときは、キューバチームのベンチから笑い声が聞こえてきました。ジュニア・ハイスクールのボーイじゃないのか。おそらくは、そんな感じだったのでしょう。

でも、たとえSサイズのピッチャーだとしても世界のLサイズ、いやLLサイズのバッターを抑えられることを証明したい。そういう思いで臨んだシドニー五輪でもありました。ちなみに、キューバ戦は打者3人と対戦しヒットを1本打たれましたが、バックの守備にも助けられ無失点で切り抜けることができました。

しかし結局このキューバ戦は0対3、そして3位決定戦の韓国戦も1対3で敗れ、日本は4位という成績に終わりました。メダルを逃した悔しさは、今も生々しく脳裏に刻まれています。

一方、トップレベルのプロ野球選手とともに金メダルを目指した日々は、数々の収穫と驚きを僕に与えてくれました。一例を挙げると、投球モーションにおける黒木さんのグラブ（左手）の使い方は大いに参考になりました。

また、松坂投手とはキャッチボールをする機会も多かったのですが、ストレートの伸びは言うまでもなく、スライダーの曲がりはまさにファミコンの世界。よく「怪物」と言われますが、言葉の良し悪しはともかく「化け物」かと思いました。

ただ、そういう異次元のプレーヤーとともに日の丸を背負ったことで、ぼんやりとした夢だったプロ野球という世界が、明確な目標へとその色合いを変えたのでした。

自分は大丈夫……驕りが招いた左ヒジの故障

左ヒジを痛めたのは2001年、大学4年の春シーズンでした。

リーグ3連覇を狙った3年春は、最終週まで優勝の可能性を残しながら、亜大との直接対決で僕が逆転3ランを浴び、2位に甘んじてしまいました。

続く秋も3位。個人的にも1勝2敗と不本意な成績に終わり、それだけに最終学年を迎えて心中期するものがありました。そして開幕からの4カード、僕は全8試合に登板し7勝0敗。チームも8連勝を飾り、3季ぶりの優勝がすぐ目の前に迫っていました。

迎えた5月22日の対日大1回戦。その4回裏、投球中のことでした。左ヒジが「ブチッ」と音を立てたのは……。なんとかそのイニングは投げ切ったものの、病院に急行しました。結局、チームは初戦を落とし、ついには勝ち点も奪われ、日大に優勝をさらわれる形になりました。

このシーズン、僕はフル回転で投げていたこともあり、いわゆる違和感らしきものは抱えていました。ただ、単純な張りだろうという甘い判断のもと、十分なアイシングやストレッチを怠った結果、じん帯損傷という最悪の事態を招いてしまったのです。

それまで大きな故障とは疎遠だったこともあり、僕はケガをなめていました。どうしてみんな、肩やヒジを痛めるんだろう。自分は大丈夫だけど。そんな驕《おご》りがありました。本当に未熟だったと思います。

手術も考えられるほどの症状でしたが、保存治療の道を選択しました。同様の故障をトレーニングとリハビリによって克服した人がいるということを知ったからです。

心の片隅にあった「ドラフトの年だし」という思いが手術をためらわせたのも事実ですが、正直、歯磨きさえ満足にさせてくれない左ヒジを見るにつけ、「もうプロは無理だろう。どこか社会人で続けられれば」と感じていました。

ドラフトに自由獲得枠が採用されたこの年。複数の球団からアプローチがありましたが、故障の程度が明らかになると、次々に僕のもとを離れていきました。子供のころからファンだったあのチームも、そのひとつです。

でも、それもやむを得ないことだと思います。何しろ秋のリーグ戦では、1試合も投げられないまま大学生活のフィナーレを迎えてしまったのですから。チームも5位に沈み、僕は己の未熟さと無力さをただただ悔いていました。

そんななかで唯一、ケガの回復過程を見守ってくれたのがヤクルトでした。河原井監督や善波コーチもスワローズ入りを勧めてくださり、加えて古田さんの存在もあり、僕はヤクルトの一員になることを決断しました。

慣れ親しんだ神宮球場のマウンドに再び立つ日を夢見て。

第三章　「配球」と「エース」について思考する

その後の運命を決めたプロ初登板初勝利

２００１年のスワローズは若松勉監督（当時）のもと97年以来4年ぶりにリーグ優勝。そして大阪近鉄を下し、通算5度目の日本シリーズ制覇を成し遂げました。

僕はテレビを見ながらうれしさを感じつつも、なかなか回復の気配を見せない左ヒジの状態にもどかしさを覚えていました。ようやくピッチングらしきものができるようになったのは、年が明けて1月の新人合同自主トレのころ。それでも完全に痛みが消えたわけではなく、2月のキャンプ中もヒジと相談しながら、というのが実際のところでした。

首脳陣に対してアピールしたい。でも、できない。葛藤がありました。ブルペンでは01年に最多勝のタイトルを獲得した藤井さん、現メッツの五十嵐亮太投手、さらには石井弘寿さん、河端龍さんたちが、自慢のストレートをビュンビュン投げ込んでいる。その横で、僕はまったく見映えがしなかったと思います。

とんでもないところに来ちゃったな、と引け目を感じながらも、ブルペンが勝負の場所じゃない、と自分自身に言い聞かせていました。

すると、オープン戦が始まったころはまだあった左ヒジの痛みが、実戦を重ねるなかで消えていったのです。プロの水に体が馴染んでいったからなのか、理由はよく分かりませんが、がむしゃらに投げる態勢だけはひとまず整いました。

オープン戦では新たな発見もありました。それは、プロのバッターでもど真ん中のストレートを打ち損じることがある、ということです。正直、100パーセントの確率で打たれるものと覚悟していたのですが、そんなことはなかった。また、きっちりコースに投げ切ることができれば、それなりに打ち取れることも分かってきた。

したがって、シーズン開幕の時点で「おびえる」という感覚はありませんでした。プロのバッターだって打ち損じるんだ。やるしかない。古田さんが構えるキャッチャーミットめがけて思い切り腕を振っていこう。

2002年4月4日、神宮球場。対広島3回戦の先発マウンドが、僕のデビュー戦の舞台となりました。

初登板の日を指示されたのは、確かオープン戦の終わりごろでした。それからというもの、調整にはひと苦労しました。開幕2カード目だったこともあり、他の先発ピッチャーが次々に登板していくなかで気持ちだけが高ぶっていく。いてもたってもいられなくなり、ブルペンでずいぶん投げ込んだことを覚えています。試合前夜もあまり眠れませんでした。

そして訪れたプレーボールの瞬間。先走る気持ちを制御しきれないまま、先頭バッターをいきなり四球で歩かせてしまったのですが、続く二番バッターの送りバントによってアウトを1つ取れたことでかなり落ち着きました。新人ピッチャーにとって、最初のアウトは何よりの精神安定剤なのです。

その後、二死二塁となり、打席には四番の金本知憲さん（現阪神）。ネクストバッターズサークルには、五番の前田智徳さんが控えている。一流選手ならではのオーラで威圧してきます。

僕としては、ただただ古田さんのサイン通りに投げるしかなかったのですが、左バッターが2人続くので金本さんと前田さんのどちらかで1つアウトを取る、というのが基本的な戦略でした。結果的に金本さんに四球を与え、二死一、二塁。前田さんとの勝負になりました。

ここで抑えるか。それともタイムリーヒットを浴びてしまうのか。この試合はもとより、僕のプロ野球人生の行く末を決める分岐点だったのかもしれません。

結果は、空振り三振。決め球は、僕の運命を変えてくれたシンカーでした。よし、いける！　2回以降はリズムよく、古田さんのミットだけを見て投げることができました。内野ゴロでのアウトも多く、自分の持ち味も出すことができたと思います。

4対0と4点リード、7回二死一、三塁の場面で僕はマウンドを降り、リリーフの五十嵐投手にあとを託しました。後続を断ち切ってくれることは確信していましたが、「お願いします！」と心のなかで手を合わせていたこともまた事実です。

祈りが天に届き、試合は4対0のまま幕を閉じました。プロ初勝利。僕は記念のボールというものにさほど執着心がないのですが、この試合のウイニングボールは実家に保管してあります。

もし、黒星スタートになっていたら、と考えるだけで怖くなります。右も左も分からないプロ1年目、どんなに気持ちが前向きであっても、ひとたび暗闇《くらやみ》で迷子になったら、なかなか出口にたどり着けなかったのではないかと想像します。

実際、「ここを抑えれば」という場面で踏ん張り切れず、それがきっかけで悪循環を招き、本来の実力を出し切れないままプロの世界を去っていったピッチャーは大勢いると思います。

それだけに、プロ初登板で勝てたことは大きかった。あの白星が今につながっていることは間違いありません。

ストライクの取り方は3つあるんだよ

古田さんのミットから放出される絶対的な安心感に包まれながら、僕は先発ローテーションの一角として投げ続けていきました。

要所要所では的確なアドバイスもいただきました。思いつくままに書き並べてみることにします。

「プロでやっていくには、まずケガをしないこと。代わりの選手はいくらでもいるんだから」

「野球はひとりでやってるんじゃないんだから、チームメートとの人間関係も上手に築いていきなさい」

「ゆるいシンカーだけじゃなく、速いシンカーを覚えたほうがいい」

そして、もうひとつ。

「ストライクの取り方は3つあるんだよ。見逃し、空振り、ファウル。多くのピッチャーは空振りのストライクを目指しているけど、ファウルでもいいんだから。いかに1ストライク取るか。いかに2ストライクを取って追い込むのか。そこをしっかり考えるようにしなさい」

目からウロコが落ちる、とはまさにこのことでした。なぜなら、大学時代までは「ストライクをどうやって取るか」など意識したことがなかったからです。

ボール球に手を出さない。これはプロの一流バッターの共通点です。ピッチャーとすればたちまち不利なカウントになり、ストライクを取りに行ったボールを打たれるというのがありがちなパターン。したがって、いかに追い込むかがカギになります。

このとき、「ファウルでもOK」という意識があれば、球種選択の幅は広がります。

たとえば僕の場合、初球からブンブン振ってくる右バッターに対して、内角にカットボールを投げる。結果的にどでかいファウルを打たれたとしても「よしよし」という感じ。ストライクが先行できたのでアドバンテージを握ることができました。

同じファウルを打たせるにしても、内角で詰まらせるだけとは限りません。前の打席や過去の試合での攻め方や、そのバッター個人のデータ、さらには試合展開や、その場面でのバッターの狙いなどを多角的に判断して、古田さんが外に逃げるボールを要求してくることもよくありました。

そこはまさに変幻自在、かつ臨機応変。鋭い観察眼とケタ違いの分析力によって、バッターが狙っていないボールを選択していく。ここが古田さんのリードの神髄なのではないか、という印象を僕は持っています。

たとえば、一打同点というシチュエーションで、当時はほとんど投げていなかったカーブのサインがいきなり出たり。ここぞという場面に備えて、切り札となるべきカードを隠し持っておくのは日常的な行為でした。幸いにして、ここぞという場面が訪れなければ、カードは隠し持ったまま試合終了となります。それも珍しいことではありませんでした。

いかにしてストライクを取るか。著者にとって「ファウルでもOK」という意識を植え付けた名手・古田敦也の存在は大きい

配球における正解とはなんでしょうか。

バッターが狙っていない球を投げることができれば、それはひとつの正解だと思います。ただ、プロのバッターは狙っていないボールでも打ってきます。したがって、配球には正解がない、というのが本当の正解です。

けれども、配球のセオリーは存在します。たとえば、満塁の状況で四番バッターを迎えたら、誘い球を混ぜながら攻めていくのがセオリーです。得意のコースにストレートを投げて真っ向勝負を挑むことにピッチャーの美学は存在するかも知れませんが、セオリーには反していると言わざるを得ません。

セオリーを踏まえたうえで、バッターを打ち取るための道筋をどのように組み立てていくか。古田さんは、複数の球種のなかからもっともアウトにつながりやすい、高確率の球種を選択する能力がずば抜けていました。

配球に正解はありません。しかし、正解がないからこそ、僕のようにストレートが遅いピッチャーでも活路を見出すことができます。まずはバッターにいろんなことを考えさせる。それが僕の場合は、正解に近づくための最初の一歩だと思います。

古田さんに頼ってばかりじゃ成長しない!

プロ1年目に対戦したバッターのなかで、もっとも印象深い選手を挙げるとすれば当時の巨人の主砲、松井秀喜さん(現アスレチックス)です。

とにかく驚かされたのが、スイングスピードの速さでした。「よし、見逃しのストライクだ」と僕が確信した次の瞬間に松井さんはバットを振り出し、それでいてものの見事にボールをピンポン玉のように弾き返すのです。マウンドにいて〝ボワッ!〟という風圧を感じた、というのも決して誇張表現ではありません。

ピッチャーがこんなことを白状してはいけないのですが、投げていて唯一、怖いと思ったバッターでした。

1年間の対戦成績は20打数6安打。ホームランは2本。そのうちの1本は東京ドーム外野スタンド後方の看板付近まで運ばれました。

一方で、外角を狙ったストレートがシュート回転となって内角の厳しいコースに行ったところ、松井さんのバットが折れ、力のないサードフライに打ち取ったこともありました。めったにバットを折らない松井さんだけに、逆球とはいえ無性にうれしかったことを覚えています。

当時はシュートを投げていなかったのですが、あの時点で有効性に気付いていれば、その後の野球人生もおそらく変わっていたことでしょう。しかし、僕にはそこまでの想像力がなく……。

この2002年シーズン、セ・リーグの覇者となった巨人打線には松井さんのほかにも高橋由伸さん、江藤智さん、そして清原和博さんと、ビッグネームがズラリ。そもそもG党の僕としてはワクワク感も噛みしめながら、「新人だしダメでもともとなのだ」と開き直って、ここでもただがむしゃらに投げていました。

結果、巨人からの1勝（2敗）含めて、シーズントータルでは12勝9敗の成績を収め、新人王にも選出していただきました。

キャンプの段階での左ヒジの状況を思えば、年間通して先発ローテーションを守れたことだけでも驚きなのに、2ケタ勝利もクリアして、ましてや新人王まで。その座を争った選手が、シドニー五輪日本代表のチームメートとして親交が深かった吉見祐治さん（当時横浜。現千葉ロッテ）だったことも喜びを倍増させました。同じサウスポーとして、あこがれの先輩だったからです。

こうして幕を閉じたルーキーイヤー。今、あらためて振り返ってみると、松井さんの怖さは別格として、プロの怖さを知らなかったことが大胆な投球、ひいては2ケタ勝利につながったのだと思います。

古田さんのキャッチャーミットめがけて、思い切り投げるだけ。でも、これじゃいけない。もうひとりの自分が、左腕にしがみつき注意信号を点滅させていました。

古田さんに頼ってばかりじゃオマエ自身は成長しないぞ、と。

シュートを覚えることで脱出したトンネル

12勝9敗→12勝11敗→11勝11敗→10勝8敗→10勝10敗。

3・33→3・79→4・35→4・87→4・53。

これはプロ1年目から5年目までの勝敗数と防御率の移り変わりです。注意信号の点滅には気付いていたのに、成績の悪化傾向を食い止められずにいました。

ただ、曲がりなりにもシーズン10勝のハードルはクリアできている。そして、ルーキーイヤーから5年連続の2ケタ勝利は球団史上初、ドラフト制導入後のセ・リーグのピッチャーとしては元巨人の堀内恒夫さん、元阪神の江夏豊さん以来3人目の記録とあって、周囲はずいぶん持ち上げてくれました。

しかし僕自身、10勝の中身については決して満足しておらず、打線の援護やリリーフ陣の存在によって〝勝たせてもらっている感〟が強かったのは事実です。自分のふがいなさは自分がいちばん分かっていたので、心は晴れず、モヤモヤしていました。

ここで己を厳しく見つめ直していれば、2ケタ勝利の連続記録は伸びていたかもしれません。でも、僕には謙虚さが足りなかった。先発ローテーションさえ守ることができれば、プロ6年目も10勝10敗の成績は残せるだろう。そんな慢心にどっぷり浸かったまま脱け出せなくなっていたのです。

07年シーズン。開幕から4試合に先発して3敗。ファームで調整後、一軍昇格も、先発した3試合のうち2試合は3回途中でKO。リリーフ登板でも1回5失点。6月下旬の段階で2度目のファーム降格を告げられ、天狗の鼻は完全にへし折られました。

ここで頑張らないと来年はいよいよやばい。そう思ったとき、ようやく目が覚めました。気持ちや考え方を変えないと、プロ野球選手でいられなくなってしまう。そう感じたとき、ようやく原点に立ち戻ることができました。

ファームの練習場がある埼玉県戸田に車を走らせる日々。素直な気持ちで、徹底的に走り込むことから始めました。大学時代の地獄の日々を思い出しながら。

家に戻れば、やがて一軍の試合がテレビで流れる時間。悔しい気持ちはありましたが、画面から目をそむけず、現実をしっかり受け止めました。

そうしたファーム生活のなかで、新たに取り組んだのがシュートの習得でした。実は古田さんからは入団以来、事あるごとに「シュートを覚えたほうがいいぞ」と言われていたのですが、これも慢心ゆえなのでしょう、キャンプでトライをしたこともありましたが、本気になれないままほったらかしにしていたのです。

しかし、このときばかりは真剣にシュートと向き合いました。伝説のシュートピッチャーである平松政次さん（元大洋）を皮切りに、ヤクルトの大先輩で僕と同じサウスポーの安田猛さん、さらにヤクルトOBの川崎憲次郎さん、そして当時は一軍のヘッド兼投手コーチだった伊東昭光さんと、タイプの異なるシュートの使い手からいただいたさまざまな助言をもとに、自分にはどういう握りが合うのか、ファームでの登板機会を利用して試行錯誤を重ねていきました。ブルペンで10球投げるより試合で1球投げるほうがいいと思い、ゲームでどんどん使っていきました。

当初は、左バッターの内角をシュートで攻めることに、若干のためらいがありました。体に当ててしまうんじゃないか。顔のほうに行ってしまうんじゃないか。最悪の光景が頭をよぎります。

そこには「変化球は曲がりを大きくしないと打たれてしまう」という先入観が作用していたと思います。ところが、いざ試合で投げてみると、ほんのちょっと変化するだけでバッターが嫌がっているのです。

「うん、うん」

キャッチャーがうなずく頻度が高くなり、僕は手ごたえを感じ始めました。左バッターを詰まらせるシーンは想定内のことでしたが、右バッターに対しても効果があると分かったのは、うれしい誤算でした。シンカーとは別に内野ゴロに持っていける変化球を手に入れた。ピッチングの幅は間違いなく広がりました。

約1カ月のファーム暮らしを経て、7月下旬に一軍再昇格。しかし、失った信頼は簡単には取り戻せず、しばらくリリーフでの登板が続きました。先発に復帰したのは8月中旬のこと。そしてシーズン終盤の9月13日、神宮球場での巨人戦。

5対0。僕はプロ入り以来初の完封勝利を記録しました。

今なお記憶が鮮明なのは、最後のバッターとしてぶつかった小笠原道大さんとの対戦です。それまでの3打席、シュートが功を奏し、凡打に退けていました。すると9回表二死からの第4打席ではシュートの意識が強かったのでしょう、外角に曲がっていくスライダーを引っかけてくれてセカンドゴロという結末。

シュートがあると、スライダーも生きるんだ。大きな収穫を得た瞬間でした。

僕にとって左バッター対策は、解決が急務であるはずの課題でした。2ケタ勝利が続いていた5年間でさえ左バッターの被打率は決まって3割前後。右バッターのそれよりも悪い数字が並んでいました。

ところが、シーズン開幕から本格的にシュートを投げた翌08年は、対左バッターの被打率が・239と急激に良化。シュートの威力はかくも絶大でした。

初完封から12日後、9月25日の広島戦。僕はこの試合でも完封勝利を記録することができました。

「来年に向けて光が見えたんじゃないか」

そんな言葉をかけてくださったのは、当時プレーイングマネジャーの古田さんでした。確かに僕はトンネルの出口にようやく足をかけ、新鮮な空気を吸い込める喜びを感じていましたが、一方でこのシーズンのチーム成績は最下位。古田さんもユニフォームを脱ぐことになり、ただただ申し訳ない気持ちでいっぱいでした。

中6日の先発ローテ、1週間の過ごし方

08年以降は再び先発ローテーションに定着し、現在に至っています。ときにはチーム事情から中4日で登板することもありますが、基本的には中6日で回っています。そこで、ここでは1週間の過ごし方について説明しましょう。

今季、11年シーズンは火曜日の開幕戦に先発したので火曜日を基準に考えます。登板翌日の水曜日は、30分程度の軽いジョギングとウエート・トレーニング。軽いキャ

ッチボールもおこないます。木曜日はオフ。自宅でのんびり過ごしたり、治療院に行ったりします。金曜日はウエート・トレーニングとキツめのランニング。土曜日は30球程度のピッチングで感覚を取り戻し、日曜と月曜は登板に備えて肩の疲労を取ることに専念します。

これが現在の基本的な中6日の過ごし方です。プロ入り当初は木曜日（2日目）と土曜日（4日目）の2度、ブルペンに入っていました。投げることによって不安を紛らわせていたというか、体を動かすことによって緊張をごまかそうとしていました。

これが中4日の先発になると、2日目のオフと3日目のトレーニング&ランニングを割愛する形で詰めていきます。つまり、トレーニング、ピッチング、調整、調整で中4日というわけです。ただし、2日目のピッチングも軽く10球から20球程度。まずは全身の疲労を取ることに主眼を置きます。また、登板による左肩の張りが残っている場合は、2日目のピッチングを3日目にずらすこともあります。

僕自身、中4日での先発を指示されたら、いつでも行く準備はできています。チームメートのケガなどによって急きょ、投げることになったとしても問題ありません。

プロ球界の往年の大投手の方々のように先発でもリリーフでも毎試合行け、と言われたら行けるかどうか分かりませんが、たとえ中3日でもチームが投げてほしい試合で投げる。それが先発ローテーションを務めるということの最低条件だと思います。そして、引退するまでそういうピッチャーであり続けたいと思っています。

中4日や中3日での先発になると、左肩の疲労が懸念されるところでもあります。もちろん、僕は機械ではないので、常に同じように投げられるかどうか分かりません。しかし、たとえば調整法にしても、肉体の治療にしても、そして投球フォーム自体にしても、そのときの自分に合うものを見つけることができれば、息の長いピッチャーになれると思っています。

僕のなかで、先発ローテーションの一員であり続けるための前提条件はケガをしないことです。プロ入り以来、たまたま大きなケガや故障には見舞われていませんが、そうならないために、もっと自分に合うものがあるのではないかと常にアンテナを張るようにしています。

勝たなければいけない試合で勝つのがエース

第二章において、投げていてしんどさを感じるのは球数ではなくイニング数である、と書きました。

しかし、先発投手として、リリーフ陣の負担を軽減させるためにも、イニング数はできるだけ消化したい。1試合における目標はもちろん完投。年間では、まだ1度もクリアできずにいますが、200イニング以上を目指しています。

年間の数字としては、ほかに防御率も気になるところですが、先発投手としては勝利数と敗戦数の差、すなわち〝貯金〟の数にこだわっていきたいと思っています。

エースという言葉について、よく質問を受けます。その基準はいろいろあると思いますが、現状、僕自身は自分がヤクルトのエースだとは思っていません。

何よりもまず、その称号にふさわしい成績を残せていません。単純な勝利数としては15勝。僕にとってはこれさえも未踏の領域ですが、15という数字をさらに超えていく勝ち星を何年か続けて記録することが、自他ともに認めるエースとなるためのひとつの条件だと考えています。

そのうえで、絶対に勝たなければいけない試合で勝つ。絶対的な存在。これこそ僕が考えるエース像です。ただ健康でずっと投げているからエースだなんて、あまりにもハードルが低すぎます。

しかし一方で、マウンドに立つ以上は、僕も含めて誰もが年齢やキャリアに関係なく「自分がエースだ」と思って投げるべきだと思っています。そして、そういう気持ちで投げるピッチャーがひとりでも多く出てくることが、ヤクルト投手陣全体の充実につながっていくものと信じています。

率直に言って、現状の僕がエースと言われている時点でヤクルトは優勝できないと思います。だからといって優勝を目指す気持ちがブレることはありませんが、村中恭兵投手や由規投手が投手陣のトップに立ってこそ、チームとして壁を乗り越え強豪チームへの道が開けるものと思っています。

僕は僕のペースで、しかし彼らとはお互いに刺激し合いながら、先発ローテーションの一員としての務めを果たしていきたい。

そして、もうひとり。スワローズには僕を刺激してくれるピッチャーがいます。

館山昌平投手。ここではいつも通り「タテ」と呼ばせていただきます。

日大出身のタテとは大学時代からの付き合いです。僕のほうが1学年上ですが、東都リーグでは優勝を懸けて投げ合ったこともあります。当時のタテはオーバースロー。ストレートが速く、力強さを前面に押し出していました。

そのタテとチームメートになって今年で9年目。投げ方はサイド気味に変わり、クレバーな投球が持ち味になっているタテですが、先輩後輩という間柄を抜きにしてといい関係を築けています。

何か困ったらタテに聞く。野球知識も豊富で、僕よりも大人の部分があるタテは、的確な助言をしてくれます。投球フォームのチェックをしてもらうこともあります。

タテも大学時代に右肩の故障に見舞われ、苦しい時期を過ごした末にヤクルトに入団しました。そういう意味では僕と境遇が似ています。それだけに、このチームで絶対に優勝するんだという夕テの強い思いは僕も知っているつもりですし、僕の強い思いもタテは知ってくれているはずです。歓喜の瞬間に向かって、僕とタテが切磋琢磨し続けることが、チームの活力になる。そう確信しています。

全員でつかんだ「クライマックス」出場権

エースの条件として、絶対に勝たなければいけない試合で勝つことを挙げましたが、僕にもわずかながら誇れる試合が存在します。

２００９年10月9日、神宮球場。対阪神24回戦。

当時、ヤクルトは球団にとって初となるクライマックスシリーズ出場を懸けて、阪神と激しいデッドヒートを繰り広げていました。

10月8日の23回戦で館山投手が阪神打線を5安打完封、5対0で勝利を収めたことによってチームは単独3位に浮上。クライマックス出場マジックも「2」が点灯し、9日の直接対決に勝てば3位が確定。ただし、逆に星を落とすと4位に転落。残る2試合に運命を委ねる、という状況になったのです。

そしてこの試合、先発マウンドを任されたのが僕でした。

球場は超満員。阪神ファンの熱気もさることながら、一塁側スタンドとライトスタンドから聞こえてくるスワローズファンの声援も、僕を奮い立たせてくれました。

自分が決めてやる。

試合はヤクルトが1回裏、四番に入っていた青木宣親選手が阪神の先発、岩田稔投手にタイムリーヒットを浴びせて1点を先制。6回裏には川本良平選手にもタイムリーヒットが飛び出し、スコアは2対0となりました。

僕は6回まで被安打4、無失点。気負いがあったことは否定しません。しかし、冷静な自分がいたことも確かです。それまでやってきたことに間違いはないという自信が、阪神打線の圧力を押し返していました。

ここからは6回、7回の攻防を細かく振り返ってみたいと思います。勝負どころにおけるバッターとの駆け引きなど、皆さんの参考になれば幸いです。なお、ボールカウントについてはボール－ストライクの順番で表記してあります。

6回表。僕は四番の金本知憲さんから始まった阪神の攻撃を、三者凡退に終わらせました。新井貴浩さん、そしてブラゼル選手という長打力のあるバッターを打ち取ったことで、ひと山越えた、との思いは正直ありました。

6回裏。川本選手のタイムリーでリードが2点に広がったあと、八番の鬼崎裕司選手が敬遠の四球で歩き二死満塁。僕に打席が回ってきました。

よし、きた。オレが決めてやる。

初球。ストライク。外角やや低めのストレートに手が出ませんでした。

2球目。外角低めに逃げていくスライダーを空振り。初球に速いストレートを見せられたこともあり、2球目も速球にタイミングを合わせていました。

これでカウントは0－2。3球目は外角高め、ボール気味のストレートをカット。ファウルとなりました。依然として追い込まれたまま。次もなんとかバットに当てたい。高めに来てくれ。

4球目。スライダーでした。4球のなかではもっとも〝打てるコース〟に来ましたが、ややタイミングが遅れてセカンドゴロ。惜しかった。僕としては悔いの残るバッティングでした。追い込まれた分、じっくりボールを見極めようとする感覚がありました。変化球で前方に体を崩され空振りしたくないという意識。カウントが0－1であれば、もう少し前でボールをさばけたように思います。

一塁までダッシュをしました。こういう場合、直後のマウンドでは、足に乳酸がたまりズーンという重さを感じることがあります。ただ、このときはそこまで影響はありませんでした。

また、1対0でずっと静かに流れていた試合が、追加点によって動き出すことがよくあります。もちろん僕も承知していますが、野球は点取りゲームなので、ここでの2点目は大きな援護になりました。

7回表。このイニングさえしのげば、8回からは林昌勇さんが2イニングを投げる態勢を整えていました。僕の使命はイムさんに直接つなげること。

しかし、先頭の桜井広大選手にセンター前ヒットを許してしまいます。

無死一塁。バッターは狩野恵輔選手。2点差とあって送りバントの気配はありません。打ってくる以上、こちらとしてはダブルプレーを狙います。イヤなのはつなげられること。次がピッチャーの打順なので当然、代打が出てきます。一塁走者の桜井選手はそれほど足が速くないので、バッターに集中できました。

初球、内角にカットボールを投げてストライク。2球目、外にはずしてボール。3球目、再び内角のカットボールでストライク。カウントは1－2となりました。

4球目、内角低めにストレートを投げました。狩野選手は外角の変化球に意識があったのでしょう、完全に詰まった打球はショートへのゴロ。注文通りのダブルプレーかと思いましたが、捕球寸前でボールがイレギュラー。鬼崎選手が大きく弾いてしまい、無死一、三塁へと状況が変わりました。

マウンドで円陣が組まれました。サードの宮本慎也さんが言いました。

「石川。なんとかカバーしてやってくれ」

この時期、チームに故障者が続出したこともあって、7回表の時点では川本捕手はじめ、ファーストの野口祥順選手、セカンドの森岡良介選手、そして鬼崎選手と、大舞台の経験があまりないプレーヤーが守っていました。それだけに宮本さんの存在は大きく、言葉には重みがありました。

野球にエラーはつきものです。ミスをカバーするのがピッチャーの仕事です。

ところが続く代打の高橋光信さんに初球を打たれ、センター前にタイムリーヒット。球種は外角のシンカー。低めのボール球にするつもりが甘く入ってしまいました。エラーを引きずっているつもりはなかったのですが、やはり動揺していたのだと思います。代打に対して初球から甘いボールを投げたら、待ってましたとなるのは当たり前です。僕の気持ちの弱さが招いた失点でした。

スコアは2対1となり、なおも無死一、二塁。バッターは一番の平野恵一選手。当然、送りバントが想定されるケースですが、平野選手は送りバントがうまいほうではなく、それでいてなんでもできるプレーヤーなので、バントと決めつけるわけにはいきません。そこで、ヤクルトとしては特別なバントシフトを取らず、仮にバントをしてきたら最低限、ファーストでアウトを1つ取るというのが守りのプランでした。そのなかで、僕とすればサードでフォースアウトが取れるバントをやらせたい。

初球、選択した球種はカットボールでした。平野選手はこれをバント。ボールはホームベースのすぐ手前でワンバウンドしたのち、川本選手が捕球。すかさず三塁へ送球し、二塁走者の封殺に成功。最高の結果になりました。

思い通りのバントをやらせたくない場合、そのピッチャーが速いストレートを投げられるのであれば、高めの速球が効果的です。ポップフライの可能性が高まります。僕のように遅いストレートしか投げられないピッチャーは、変化球を投げるのがいいと思います。とくに速い変化球。一般的にバント練習はストレートだけでおこなっているからです。この場面でカットボールを選択した根拠はここにあります。

一死一、二塁。ここでバッターは関本賢太郎選手。仮に送りバントを決められていたら、ピッチャー交代だったかもしれません。というのも関本選手とは相性が良くなかったからです。08年が19打数7安打。09年はこの打席を迎えた時点で12打数2安打でしたが、ホームランを1本浴びていました。

ここでの狙いはダブルプレーです。同時に長打も避けなくてはなりません。となれば外角を攻めるのが定石ですが、関本選手は右打ちがうまく、この場面でも明らかに右方向を狙っていました。そこで……。

初球、ファウル。2球目、ボール。3球目、ボール。4球目、ファウル。5球目、ボール。ストレートとカットボールをほぼ交互に投げながら、カウントは3―2。徹底的に内角を突いていきました。

5回表の第3打席（結果はショートフライ）のなかで、外角のゆるいシンカーによって体勢を崩した場面があり、関本選手の頭のなかにはそのシンカーへの対応があるだろう、というのが川本捕手のリードの根拠だったと思います。

6球目は初めて外角低めを狙った速いシンカー。コースがやや甘くなり、ファウルで逃げられましたが、体勢を崩すことには成功しました。こうした場面では、もっともやってはいけないことは何かを考え、そこから逆算して攻め方を決めます。ヤクルトにとってもっともやってはいけないことは、つなぎのバッティングをされることです。それを阻止するために、速いシンカーでタイミングをずらしにかかる。関本選手は強振してこないという前提に基づいたうえでの球種選択でした。

阪神はチームとしてピッチャーの攻略にかかってくるので、こういう攻め方が成り立ちます。したがって仮に相手が巨人だったとしたら、同じシチュエーションであっても攻め方は異なります。そういう意味では川本捕手も冷静でした。

7球目、内角低めのストレートに対して関本選手は詰まったライトフライ。最後まで外角に意識があったのだと思います。

二死一、二塁。バッターは鳥谷敬選手。

初球、外角低めを狙ったカットボールが大きく外れてボール。高橋選手に初球を打たれていたので、力が入りました。

2球目、外角高めにストレートが決まってストライク。鳥谷選手の目には「高い」と映ったのかもしれませんが、ここまで反応ナシ。ピッチャーとしてはバッターに動きがあったほうが「情報」が入ってきます。ベテランのバッターになると初球を平然と見逃し、そこは狙ってませんよという素振りを見せておいて、2球目に同じボールを打ってきたりします。いわゆる〝エサをまく〟というものです。

3球目、反応がありました。外角のシンカーを空振り。カウント1－2。

4球目、外角低めにボール球を投げてカウント2－2。

バッテリーとしては、平行カウントで勝負をしたいところです。3－2になると、まずボール球が投げづらくなります。結果、打たれる確率が上がります。また、ランナーの一斉スタートを許すことにもなります。

5球目、外角低めにカットボール。ボール球でしたが、鳥谷選手がバットを出して打球はサード後方にフラフラッと上がりました。結局、レフト線の左脇にポトリと落ちてファウル。ヒヤッとしました。

6球目、外角にカットボール。5球目よりもやや甘く入ったところを弾き返されました。打球は糸を引くようなゴロとなって僕のすぐ左横を通過。やられた。そう思って振り向くと、セカンドの森岡選手がダイビング・キャッチ！　二塁で一塁走者を封殺することはできず内野安打となりましたが、打球を止めたことによって二塁走者の本塁生還を阻止。勝敗の分岐点となった、これぞスーパープレーでした。

二死満塁。一打逆転のピンチ。迎えるバッターは、金本選手です。

このイニング2度目の円陣。

「落ち着いていけよ」。宮本さんが、また言いました。

初球が勝負。そう思っていました。

投げたのはスライダーでした。外角低めを狙いました。力が入りました。川本捕手のキャッチャーミットがやや上方に動きました。あっ。金本選手がバットを振りました。打球はバックネット方向へ高々と舞い上がっていきました。

キャッチャーフライでチェンジ。僕としては、気持ちで勝ったと思っています。金本さんは力が入ったぶん、ミスショットをしてくれたのだと思います。ほんの少し、金本さんのバットとボールの当たる位置がずれていたら、満塁ホームランだったでしょう。本当に紙一重の勝負でした。

このあと、7回裏に宮本さんのタイムリーヒットが生まれ3対1と再び2点のリード。僕は8回表もマウンドに上がりましたが、一死三塁となったところでストッパーの林昌勇投手にあとを託しました。

イムさんは見事に後続を断ち、チームは3対1で勝利。クライマックスシリーズ進出を決めたのでした。

いかにもスワローズらしい勝ち方だったと思います。この試合、長打はガイエル選手が放った二塁打の1本だけ。ヒットの総数も阪神の8本に対してヤクルトは6本に過ぎません。しかし、全員でつないでつないで、数少ないチャンスを効果的にモノにする。守っては最少失点。トライアウトを経て入団してきた森岡選手がスーパープレーを見せ、イムさんは圧巻の投球。そして宮本さんのひと言。

全員でつかんだ価値ある1勝でした。

そして、いざ中日とのクライマックスシリーズ第1ステージへ。僕は初戦に先発し6回2失点。7回表に飛び出したデントナ選手の逆転2ランによって救われ、白星を

2009年10月９日、クライマックスシリーズ出場を懸けた阪神との大一番。絶対に勝たなければいけない試合で勝利を収め大きな手応えをつかんだ（写真はヒーローインタビューから。右は青木宣親選手）

収めることができましたが、チーム全体がインフルエンザという思わぬ難敵に襲われたこともあって、第2戦、第3戦と連敗。残念ながら第2ステージに進むことはできませんでした。

絶対に勝たなければいけない試合に勝つことができた。あの日の阪神戦は、石川雅規というピッチャーに大きな自信を与えてくれました。

チームが日本一という目標を成就させるためには、あの日のような、いやあの日以上に厳しい戦いを次々に勝ち抜いていかなくてはなりません。

近い将来、チームとして絶対に勝たなければいけない試合に臨むことになったとき、「石川、任せたぞ」と言われる存在でありたい。そして、必ず試合に勝てるだけの揺るぎない実力を身に付けていたい。そう思っています。

第四章

身長１６７センチ、その体の使い方

野球教室で子供たちに伝える3つのポイント

この本を読んでくれている子供たちのなかには、野球教室に参加したことがあるという人がかなりいると思います。

僕も教える立場として、野球教室にはこれまでに何度も参加させてもらっていますが、指導を受けた側の皆さんはその後、野球教室で学んだことをどのように生かしているでしょうか。

プロ野球選手から何かワンポイント、アドバイスをもらったことで、たとえば打球を遠くに飛ばせるようになったり、あるいはいいボールを投げられるようになったり、もしくはフライが捕れるようになったり。その場でただちに「うまくなったぞ」と実感できれば、子供たちにとってはそれがいちばんうれしいことだと思います。

ただ、問題は「うまくなったぞ」という実感をずっと持ち続けられるかどうか。つまり、野球教室に参加したあとの反復練習が重要になってきます。どんなにいいアドバイスをもらっても、それっきりで終わってしまったら、せっかく身に付いた技術もあっという間にどこかへ消えてしまうでしょう。

では、野球教室でいろいろ教えてもらったのに、その場で「うまくなったぞ」という実感を持てなかった子供たちはどうすればいいのか。もしかしたら、こちらのグループのほうが人数は多いかもしれません。

野球に限らず、ひとつの技術をマスターするためには長い歳月が必要になります。たとえその場ではただちに成果が表れなくても、「これを続けていけばきっとうまくなる」と信じて反復練習を積み重ねていけば、ある日、「これだ！」と思えるプレーができるようになるかもしれません。

「できるようになるかもしれません」という言い方は、ずいぶん頼りなく聞こえることでしょう。ゴールにたどり着けるかどうかハッキリしない反復練習なんて、やってられるか。そういう意見もあると思います。

でも、確実にこれだけは言えます。

一歩目を踏み出さない限り何も始まらない。

そして一歩目を踏み出したら「これを続けていけばきっとうまくなる」と信じてやり続ける。同じ反復練習をやるにしても、そこに強い信念がなければ、得られる成果は少なくなってしまいます。本当だったら140キロのスピードボールが投げられるようになるはずだったのに、130キロが出た時点で満足してしまえばそれ以上の進歩は望めません。

僕は野球教室で子供たちを指導する場合、絶対に身に付けてほしい3つのポイントについて説明するようにしています。

というのも、教える側が自分の言いたいことをアレコレ矢継ぎ早に話したところで、子供たちは到底そのすべてを吸収できません。次の日になれば、すっかり忘れてしまうでしょう。これは僕自身の経験談でもあります。子供のころ、大学まで野球をやっていたという方にアレコレ教えてもらったことがありましたが、残念ながら当時の僕では理解しきれませんでした。

そこで野球教室では、ピッチングをするうえで大事なポイントを3つだけ話すことによって、子供たちには最初の一歩目をまずは踏み出してもらう。ポイントが3つだけなら、次の日になっても忘れることはないはずです。

では、その3つのポイントとは。

①プレートを踏んだらしっかり立つ。
②踏み出した足が地面に着いてからボールを投げる。
③キャッチャーのマスクをヒョイッと触るように投げる。

以上です。まずは「しっかり立つ」ということについて説明しましょう。

プレートを踏んだらしっかり立つ

しっかり立つ。僕のなかでは「頭から背骨を通ってお尻に抜ける感じで、真っすぐな一本の棒に刺されているようなイメージで立つ」ことと定義しています。

自分の体を貫く一本の棒がイメージできれば、それがすなわち「軸」になります。軸を意識して立つことができたら、踏み出す足を上げることによって投球動作に移っていきます。左ピッチャーの場合は右足を上げるわけですが、その時点で軸を一度、左足に乗せます。体の中央に突き刺さっている棒を左足に平行移動させる感覚です。

これによって体重も左足に乗ります。

このとき、軸を移した左足について「しっかり粘れ」ということがよく言われますが、僕自身はさほど粘りは意識していません。あえて言えば、左足の太ももの内側を絞る感覚はありますが、アレコレ難しく考えないようにしています。一度考え始めると考えすぎてしまうタイプなので、あくまでもシンプルに、軸をぶらさないことだけを意識するようにしています。

そして、上げた右足をホームベースに向かって踏み出していく動きのなかで、左足に乗せた軸を今度は右足に移動させます。イメージとしては「キャッチャーミットにぶつける」ようなつもりで軸を移していくのがいいと思います。

シンプルということで言えば、僕はプロ入り後3年目ぐらいから、ランナーの有無にかかわらずセットポジションで投げるようにしています。

それ以前はワインドアップとセットポジションを使い分けていましたが、振りかぶると体のいろんなところに余計な力が入りがちでした。体の小ささを投球フォームで補おうとするあまり、ついつい力んでしまっていたのです。

そもそも僕は、パーフェクト・ゲームを狙えるようなピッチャーではありません。1人のランナーも出さずに試合を終わらせられるようなピッチャーではありません。

事実、僕はプロ9年間のうち4シーズンで年間200本を超えるヒットを打たれ、その数字はいずれもその年のリーグワーストです。

つまり、ランナーを背負った状況で投げることが他の先発ピッチャーと比べて多いのです。であるならば、ふだんからセットポジションで投げることによってランナーが出てもあわてずにすむ態勢を整えておこう。そう考えたのです。

プロの世界で生き抜いていくためとはいえ、ワインドアップを封印することには少なからず抵抗がありました。本音を言えば、今でもランナーがいないときは振りかぶって投げたい、と思っています。しかし、そのためにはキャンプから2種類の投球フォームを練習しなくてはなりません。

ところが、ワインドアップの練習をやめてしまえば、そのぶんセットポジションの練習が2倍できる。したがって、効率の良さを考えて「セットオンリー」にした、ということです。もし、僕が器用であれば2種類の投球フォームの共存も可能ですが、残念ながら不器用であることを自覚しているので、現在のスタイルに落ち着きました。

「セットポジションで投げたほうが、コントロールは安定するんですか?」

野球教室でよくこうした質問を受けます。確かに余計な力が入らないという意味で、セットで投げるほうが制球力のアップにつながる可能性は高いと思います。しかし、セットで投げれば必ず制球力がアップするというものでもありません。もし、セットで投げることが100パーセントの確率で制球力のアップにつながるのであれば、押し出しのフォアボールは絶滅するはずです。でも、現実の野球ではそうなりません。

僕なりの〝コントロール調整法〟についてはのちほど説明しますが、子供のころはセットポジションだけで投げようとするのではなく、ワインドアップにもトライすべきだと思います。振りかぶって投げることによって、ボールに勢いが生まれます。由規投手のような〝速球派〟への道が切り開けるかもしれません。ピッチャーとしての可能性を追求するうえでも、ランナーがいないときは振りかぶって投げるようにしましょう。

踏み出した足が地面に着いてから投げる

話を子供たちに身に付けてもらいたい3つのポイントに戻します。「しっかり立つ」

に続く2番目のポイント、それが「踏み出した足が地面に着いてからボールを投げる」です。

それって当然のことじゃないの、と思われるかもしれませんが、早く投げたいという意識がそうさせるのか、踏み出した足が地面に着くか着かないかのタイミングでボールをリリースしてしまう子供たちは少なくありません。

踏み出した足が宙に浮いたままだと、せっかく後ろ側の足に乗せた軸が行き場所を失ってしまいます。地面に足を着けることによって、軸を「キャッチャーミットにぶつける」ことが可能になり、ボールにも力が加わります。

「足はどれぐらい踏み出せばいいんですか？」

こういう質問もよく受けますが、ステップの幅に正解はありません。人それぞれです。僕の場合、プレートの端を基点にして「スパイク6足半」が現時点のステップ幅です。現時点と書いたのは、過去にいろいろと試行錯誤を重ねてきたからです。

一般的に、ステップの幅はできるだけ広いほうがいい、と考えられています。なぜなら、たとえ10センチでも広く踏み出すことができれば、それだけホームベースに近づいたということであり、すなわちバッターとの距離もそれだけ縮まったことになります。

「だったら石川もスパイク7足分、踏み出せばいいじゃん」という声も聞こえてきそうですが、股関節の柔らかさを含めて体に力が備わっていないと安易にステップ幅を広げることはできません。

ふだんの「スパイク6足半」にしても、シーズンが進んで体に疲労がたまってくると、しんどく感じるときがあります。ここで自分自身に妥協してステップ幅を6足なり5足半にしてしまうと、イメージ通りのピッチングができなくなります。たとえ体に疲労がたまってしんどさを感じてもなお、いつもと同じ6足半のステップを刻むためには日々、地道なトレーニングを積み重ねていかなくてはなりません。僕もトレーニングの成果として、体が強くなってきている実感があります。

ステップ幅が短くなってしまうとイメージ通りのピッチングができなくなると書きましたが、実は以前、意図的にステップ幅を短くした形での投球にトライしたことがあります。言うなれば、キャッチボールのような力の抜けた投法です。余計な力が加わらないようにすればキレのいいボールが行くのではないか、と考えたのです。

僕が参考にしたのは、元巨人で現在はメジャーのオリオールズでプレーされている上原浩治さんでした。「グッ」と力がこもっているというよりも、「シュッ」とした感じ。それでいてストレートのキレは素晴らしい。そこで僕も同じように投げてみたい、と思ったのです。

しかし、まもなく僕には合わないフォームであることが分かりました。180センチ台後半の身長を誇る上原さんと違って僕は上背もないし、上背がないということは縦の角度も乏しい。しっくりこなかった、というのが率直な感想です。

でも、この「しっくりこない」という感覚は、最適なステップ幅を決めるうえでとても重要だと思います。僕の場合、自分にとって投げていて気持ちのいいフォームはどれかと考えていったとき、自然にたどり着いた答えが「スパイク6足半」のステップ幅だったのです。

もし、皆さんのなかに「あのピッチャーが○足だから、自分も○足にしなきゃダメだ」などと固定観念にしばられて、その結果自分のステップ幅にしっくりきていない人がいるとしたら、一度白紙に戻し、気持ちよく投げられるという観点から再び投球フォームを作り上げていくことをお勧めします。

この項の補足として、1ミリでもバッターに近い位置でボールをリリースできるよう、僕がおこなっている体の動きを記しておきます。それは、踏み出した足の地面への着き方について。

僕は踏み出した右足はカカトから地面に着けるようにしています。と言っても一瞬のことなので、現実には足の裏全体で着地しているかもしれませんが、意識の問題としてカカトから先に着けるようにしています。そうすると着地の時点でカカトに乗った軸が、その後、遅れてつま先が地面に着くことによってさらにグイッとバッター側へと移動していくのです。足の裏全体で着地した場合は「ドン！」で終わる軸移動が、カカトから着地した場合は「ドン、グイッ」の2段階動作になる。そういう感覚が僕にはあります。

「グイッ」という軸の前方移動によって、結果的にリリースポイントがわずかながらでもバッターに近づく。これが僕の狙いです。試合中はそこまで足の着き方を意識しているわけではありませんが、意識せずとも自然にできるよう、キャンプでフォームを固めていきます。何事も練習なのです。

キャッチャーのマスクをヒョイッと触る

さて、子供たちに身に付けてもらいたい3番目のポイント、「キャッチャーのマスクをヒョイッと触るように投げる」について説明しましょう。

これは子供たちに限った話ではありませんが、コントロールのいい球を投げようとすると、どうしてもボールを握っている腕の動きが小さくなりがちです。日常生活においても、それは実感できると思います。

たとえば丸めたチリ紙を1メートル先のゴミ箱に投げ入れようとした場合、腕を大きく回してチリ紙をリリースする人はあまりいないでしょう。ほとんどの人が、まず耳元にチリ紙を握った手を持ってきて、そこから〝スナップスロー〟をするのではないでしょうか。できるだけムダな動きを排除したほうがコントロールをつけやすいことを、誰もが知らず知らずのうちに理解しているのです。

それがピッチングにも表れます。とくにボールが高めに抜けたりすると、腕の動きを小さくすることによってコントロールの修正を図ろうとします。しかし、腕がちぢこまるとボールの勢いが失われてしまいます。また、リリースポイントも自然とバッターから遠ざかることになるので、それだけバッターに〝ボールを見極める〟余裕を与えてしまうことになります。

これらのマイナス要素を防ぐために、僕は「キャッチャーのマスクをヒョイッと触るように投げてみよう」とアドバイスしています。狙いは「前を大きくする」ことにあります。

前を大きく。これは「トップの位置に入ったら、その後ボールのリリースからフォロースルーに至るまで、できるだけ大きな円を描くように腕を動かそう」という意味の野球用語です。大きな円を描くことができれば、それだけバッターに近い場所でボールを放すことが可能になります。

ただし、「前を大きく」という言葉だけを子供たちに伝えても、リリースポイントの位置まではなかなか意識できません。とっととボールを指から放して、フォロースルーだけ大きく取ろうとする子も出てくるでしょうが、それではまったく意味がありません。しかし、「キャッチャーのマスクをヒョイッと触るように投げよう」と具体的な目標物と仕草を設定してあげれば、イメージしやすくなるでしょう。結果的に前が大きい投球フォームを作り上げようというわけです。

「このピッチャーは球持ちがいいですね」

野球中継を見ていて、このような解説者のコメントを耳にしたことがある人は多いと思います。「球持ちがいい」というのは、ギリギリまでボールのリリースが我慢できているということです。前が大きい投球フォームを身に付けることができれば、それは球持ちの良さにつながっていきます。

以上、子供たちにまず身に付けてもらいたい3つのポイントと、それに関連する体の動きについて説明してきましたが、僕自身、試合に臨むうえでいくつかのチェックポイントを持っています。

「引き出しはひとつでも多く持っていたほうがいい」

これは山本昌さんからいただいた言葉です。きょうはなんだか調子が悪いなあと思ったとき、自分の心のなかの引き出しにチェックポイントが数多く入っていれば、それらが問題解決の糸口になります。

ただし、僕は不器用なので、チェックポイントの数が多すぎるとパニックになってしまいます。Aはどうだろう、Bはどうだっけ、Cは、Dは……えーとXは、とチェックすることだけに気を取られてしまうのです。

そこで僕は試合にスッと入れるように、数多いチェックポイントのなかからいくつかに絞って、それだけを意識するようにしています。こうすることで気持ちの面ではものすごく楽になります。

では、続いて僕のチェックポイントについて説明しましょう。

右肩と右のお尻をラインに乗せる

僕のチェックポイントは2カ所、それは右肩と右のお尻です。

まず、上げた右足を踏み出していく動きのなかで、右肩が開かないように注意します。そして、右のお尻の側面を「キャッチャーミットにぶつけていく」ようにします。

軸の移動に関する説明でもこの表現を使いましたが、右肩と同じくお尻も外側に逃げないよう心がけています。

この2つのチェックポイントをクリアしていくことが、実は僕のコントロール調整法でもあります。

試合前の投球練習時はもちろんのこと、試合中も制球が乱れてきたと感じたら、右肩と右のお尻の側面が開かないように意識することでコントロールの修正を図ります。イメージとしては、キャッチャーミットへとつながる一本のラインに右肩、および右のお尻の側面をまっすぐに乗せていくという感覚です。

もちろん、うまく右肩と右のお尻をラインに乗せることができたとしても、百発百中の精度で狙ったところに投げられるわけではありません。それでも、日々の練習によって作り上げた〝自分のライン〟にいつも通り体を入れることができれば、だいたい思ったところに投げられるという実感を僕は持っています。

大学までは、ただがむしゃらに投げていました。しかし、がむしゃらだけで抑えられるほどプロは甘い世界ではありません。ましてシーズンは約半年の長丁場なので、当然のことながら好不調の波があります。その波をできるだけ小さくしたいと考えた結果、たどり着いたチェックポイントが「ラインに乗せる」ということでした。

「コントロールは指先で調整できないんですか？」

もし、こういう質問を受けたとしたら、僕は次のように答えるでしょう。

「ボールをリリースする瞬間に指先に力を入れたり、変化球を投げるときに指先でボールを操作する感覚はありますが、指先の動きでコントロールをつけるという感覚はありません」

コントロールは投げ込みによってこそ身に付くものだと思っています。指先をこう動かせば右バッターの内角に投げられるとか、そうした万人に通用する方程式のようなものは存在しないと思っています。つまり人それぞれ、投げ込みによって自分なりの感覚をつかんでいくしかないのです。

左腕は縦に振る

指先の動きによってコントロールをつける感覚はないと書きましたが、一方で、腕の振りはコントロールの良し悪しに関わってくると考えています。

僕が常に意識しているのは「縦振り」です。左腕はできるだけ頭に近いところを通していく。イメージとしては、体の側面の幅から左腕がはみ出さないように投げていくという感じです。それが僕にとって負担の少ない投げ方でもあります。

もちろん、左腕が体の側面の幅から1ミリもはみ出さないように投げるなんて、現実問題としては不可能です。しかし、頭に近いところを通すんだと縦振りを意識することによって〝ヒジが下がる〟現象を避けることができます。

ヒジが下がってしまうと、腕が横振りになります。縦に振ろうとしていた腕が横に振られることによって、左右にコントロールが乱れていきます。僕の場合で言えば、右バッターの外角を狙ったストレートが「引っかかる」形となって真ん中に入ってしまうとか、そういう致命的な制球ミスにつながる危険性が高まります。

縦振りの軌道がキープできていれば、左右にコントロールが乱れる危険性は減少するでしょう。その半面、高低のコントロールミスが生じる危険性は高まるかもしれません。しかし、たとえ外角低めを狙ったストレートが外角高めに行ってしまったとしても、そこまでの〝大ケガ〟はしないと思います。腕が横振りになることで外角を狙ったストレートが真ん中に行ってしまうことよりも、想定されるリスクははるかに少ないというのが僕の考えです。

腕の振りについてもう一点、補足しておきます。それはテークバック時の腕の動きです。

大学時代もそうでしたが、以前はテークバックの時点で左腕が体の側面の幅を越えて背中側にはみ出ていました。いや、表現としては背中側に左腕が「入っていた」と書くほうが適切かもしれません。体が小さいぶん、どうしても勢いをつけて投げたいという気持ちが先走り、左腕の動きが大きくなっていたのだと思います。上半身をセカンド方向にひねって投げていたこともありました。

しかし、テークバックの段階で左腕が背中側に入ってしまうと左肩に過度の負担が掛かります。そこで現在は〝シンプル・イズ・ベスト〟の精神に基づいて、テークバック時の左腕はコンパクトに、かつ体の側面幅の範囲内で動かすようにしています。

9分割ストライクゾーンのココを狙え！

コントロールは投げ込みによって身に付くものだと書きましたが、その投げ込みをおこなうのが主に春季キャンプです。

約1カ月のキャンプ期間中に多かったときは2000球、最近は1500球程度。1日の最高は200球ぐらいでしょうか。もちろん、ただがむしゃらに投げればいいというものではありません。ひとつひとつ段階を踏みながら、投球フォームを固めていくことが最大の目的です。

キャンプインに先だって自主トレでもある程度の球数を投げますが、やはりキャンプのブルペンの緊張感はひと味もふた味も違います。自主トレで100球投げてもなんともないのに、キャンプではたった30球のピッチングでも翌日には下半身がパンパンに張ります。

それほどの緊張感のなかで08年ぐらいからは1球1球、ボールに自分の「考え」を込めて投げるようにしています。

「無心で投げる」という言葉がありますが、僕の場合は「有心で投げる」といったところでしょうか。ただ漫然と投げるのではなく、頭で投げる。それによって面白い発見にも巡り合うことができます。

キャンプの前半、第2クールぐらいまではとにかくストライクゾーンを狙って投げ込んでいきます。ボール球はいつでも投げられると思っていますし、ピッチャーはストライクを投げられなきゃ何も始まらないからです。

一般的に縦3つ、横3つの9分割で語られることが多いストライクゾーン。ここではわかりやすくするために9つのゾーンに番号をつけてみます。

ピッチャーから見て、上段の左から右へ1、2、3。中段の左から4、5、6。下段の左から7、8、9。ピンと来ない人は、携帯電話の数字ボタンの配置をイメージしてみてください。そして投げ込みにおいては7番からスタートし、8番、9番の下段ゾーン。さらには上段の1番と3番、計5カ所のストライクゾーンについてとくに時間を割いて狙うようにしています。

球種については、当然のことながらすべての持ち球を投げます。ただし、ストレートと変化球の比率で言えば8対2ぐらいでしょうか。やはりストレートあってこその変化球だからです。

以上のような形で投げ込みをおこなっていくのですが、ここ最近のキャンプでは、第6のゾーンについても意識するようになっています。それは上段の真ん中、2番です。きっかけは09年にFAで横浜から移籍してきた相川亮二さんの存在でした。というのも、相川さんとバッテリーを組むようになって2番のゾーンにストレートを要求されるケースが増えたからです。

プロ入り当初、古田さんがマスクをかぶっていたころも〝高めにストレート〟というサインはよく出ていました。しかし、当時はサインの意図を十分に理解しきれずに、求められるままがむしゃらに投げていました。

でもその後、僕自身も経験を重ね、周囲の状況が見えるようになってきたなかで相川さんとの出会いがあり、〝高めにストレート〟のサインが再びよく出るようになりました。2番のゾーンよりもボール1個高い〝ウエストボール〟のサインも含めて、キャンプでもまったく練習していないゾーンだったので、当初は試合で投げることに怖さを感じました。少しでも甘く入ってしまうと長打の危険性が高まるからです。怖さを打ち消すには、キャンプで投げ込むしかありません。

また最近は、1番から3番までの上段ゾーンにストレートだけではなく変化球を投げる練習にも取り組んでいます。

皆さんはスライダーやフォークボールについて、どういうイメージを持っているでしょうか。野球経験がある人は、バッターの立場になって考えてみてください。9分割されたストライクゾーンのなかで、どのあたりに来そうな感じがしますか?

多くの人は「低めに曲がってくる」イメージを持っているのではないでしょうか。番号で言えば7番から9番。実際、ピッチャーにとっては下段のストライクゾーンからボールゾーンに曲がっていく、あるいは落ちていく変化球をいかに投げられるかが勝負の分岐点になってきます。

だからこそ、その固定観念の逆を突く形で、高めからスライダーやフォークボールを変化させてやる。そうすると、バッターは「ハッ!」とあわてて変な打ち方をする傾向にあります。

同じように、左ピッチャーが左バッターに対して投げるスライダーと言えば、外角低めの9番ゾーンからボールゾーンに逃げていくイメージがあると思いますが、これも意表を突く形で内角の4番や7番付近を狙って投げてみる。

ストレートが遅いぶん、僕には考えなきゃいけないことが山ほどあります。やるべきことも山ほどあります。ストライクゾーンの上下の幅、左右の幅をめいっぱい使うことができれば、もっともっとピッチングが面白くなるんじゃないかと、最近感じ始めています。

「緩急」のポイントは同じ腕の振り

ストライクゾーンには上下、左右と並んで、もうひとつの幅が存在します。それは野球中継でよく語られる次の2つのフレーズに表れています。

「このバッターは変化球に対して完全に泳がされてしまいましたね」

「このバッターはストレートに差し込まれてますね」

いずれの場合も、そのバッターが理想とするミートポイントでボールをとらえきれなかったことを意味しています。

つまり、結果的に打球がどこへ飛んでいくかはさておき、ひとまずピッチャーの勝ち、ということができます。

泳がされた状態というのは、バッターの体勢がピッチャー側、すなわち前方に崩れたことを意味しています。

一方、差し込まれた状態というのは、ミートポイントがキャッチャー側、すなわち後方にずれてしまったことを意味しています。

前方と後方。そう、前後の幅こそがストライクゾーンの第3の幅となります。そして、ピッチャーにとって前後の幅を活用することは「緩急を使う」ことでもあります。

僕も当然のことながら、緩急は強く意識しています。緩急の緩、すなわちゆるい変化球と、緩急の急、すなわち速いストレートとの組み合わせによって、バッターに〝自分のバッティング〟をさせないようにする。しかし、ただ単純に変化球とストレートを組み合わせたところで、緩急を使ったピッチングは成立しません。

同じ腕の振りからいかに異なる球種を投げられるか。ここがポイントになります。ストレートでも、カーブでも、スライダーでも、フォークボールでも、いつも同じように腕を振ってボールをリリースする。この技術を習得できれば、バッターは球種の見極めが困難となり体勢を崩しやすくなります。体勢が崩れれば、打ち損じの確率が高くなります。チェンジアップという変化球は、腕の振りと実際のボールの軌道とのギャップを最大限に利用した球種と言えます。

反対に、ストレートと変化球で腕の振りが異なるようだと、バッターも投球モーションの途中で球種を判断できるので、体勢を崩す確率は減少するでしょう。これでは前後の幅を活用できているとは言えません。ゆるい腕の振りからチェンジアップを投げても、効果は期待できません。

もちろん、バッターの体勢を崩すことに成功したとしても、それで勝負が決したわけではありません。プロ野球の一流バッターのなかには、たとえ体勢が崩れても、そこからヒットにつなげる選手がいます。代表例は中日の和田一浩さんでしょう。

そもそも和田さんはボールを十分に引きつけ、体に近いところで打つタイプのバッターです。したがって、ピッチャーにしてみれば〝差し込む〟ことは非常に難しい。そこでなんとか体勢を前に崩すことを試みるのですが、たとえ体勢が崩れてもバットが後方に残っているので、そこからでも力強い打球を飛ばすことができる。ここが和田さんの最大の特徴だと思います。

だからこそホームランも量産するし、同時にハイアベレージも残すことができる。ピッチャーにとってはなんとも強大な壁ですが、避けて通るわけにもいきません。

僕がやるべきことは決まっています。緩急にさらなる磨きをかける。そして、バッターのタイミングをわずかでもいいからずらす。この道を極めていくしかないと思っています。

「イチ、ニィイ、サン」のリズムで投げる

同じ腕の振りからいかに異なる球種を投げられるか。ここが「緩急」のポイントだと書きましたが、一般的にはストレートと同じ強い腕の振りから変化球を投げられるかどうか、ここが成否のカギだと考えられています。

しかし、発想の転換をすると、ゆったり軽い感じの投球モーションからシュッとしたストレートを投げることができれば、バッターを〝差し込まれた〟状態に追い込み

やすくなります。つまりストライクゾーンの前後の幅のうち「後」を活用するという考え方です。

僕にとってそのストレートこそ、理想のストレートだと言えます。仮にスピードガンの数字が130キロ台であっても、その数字以上に速く感じさせるストレート。バッターのタイミングをずらすには効果的なボールとなります。

結局のところ、ピッチャーとバッターの勝負とはタイミングのずらし合いである、というのが僕の持論です。

そのためには、投球フォーム自体にも工夫を施します。たとえば、同じストレートを投げるにしても、初球は普通に右足を上げておいて、2球目ではクイックモーションにしてみたり。これだけでもバッターは2通りのタイミングを準備しておく必要があります。クイックモーションは分かりやすい工夫ですが、パッと見ただけでは分からないレベルで右足の上げ方をちょっとだけ変えてみる、というのは日常的によくおこなっています。

また、上げた前足が地面に着くタイミングを遅らせるというのも、効果的な手段だと思います。ピッチャー経験者であれば、一度は次のような指導を受けたことがあるはずです。

「投球動作に入ったら〝イチ、ニ、サン〟という単調な3拍子のリズムではなく〝イチ、ニィィ、サン〟というリズムでボールを投げるようにしましょう」

1で前足を上げる。2で上げた前足を踏み出していく。3で前足を着地させる。僕の場合、このようなタイミングで3つのリズムを刻んでいます。

このとき、「イチ、ニ、サン」と単調なリズムでボールを投げてしまうとバッターはタイミングを合わせやすくなります。そこで、「ニィィ」と心のなかで数えながら踏み出した足の着地を我慢することによってバッターのタイミングをずらしにかかります。「ニィィ」というゆったりとした動作のあと、速いストレートを投げることができれば、この項の冒頭でも書いたようにストライクゾーンの「後」の幅を活用できる確率が高くなります。

しかし、常に「ニィィ」のタイミングで投げていたら、やがてバッターも慣れてきます。そこで、さらに着地の時間を遅らせて「イチ、ニィィィ、サン」のリズムで投げられるようにする。ほんのわずかな「ィ」1個分のタイミングの違いですが、ピッチャーにとっては大きな武器になるはずです。

ただし、注意すべきポイントがあります。それは投球動作をスタートさせ後ろ足へ軸を移動させた時点で、力を貯め込もうとするあまりヒザを突き出すように折ってはいけない、ということです。ヒザが折れると逆に力が抜けてしまいます。

この段階で力が抜けてしまうと、後ろ足に乗せた軸を「ニィィ」と我慢して前足に移動させたところで、伝えるべきパワーは失われていることになります。

一方、クイックモーションにおいては「ニィィ」の時間が極端に省略されます。しかし、後ろ足に軸を作るのは同じです。太ももの内側を絞るようにして体重を乗せたら、一気に軸をキャッチャーにぶつける。

どんな投球モーションであっても、後ろ足に軸を作る動きは共通しているというのが僕の考えです。太ももの内側（内転筋）に体重を乗せることさえできれば、クイックでも通常のセットでも、同じ質のボールが投げられると思っています。

そして、もうひとつの注意点。「3」で前足を着地させたあと、厳密に言えば「4」としてボールをリリースする動作があります。しかし、実際のピッチングでは3と4の動きがほとんど同時のタイミングでおこなわれるので、「4」のリズムを意識することはありません。ただし3と4がまったく同時のタイミングになってはいけません。

子供たちに身に付けてもらいたいポイントの2番目として説明したように、あくまでも踏み出した足が地面に着いてから投げることが重要です。

下半身は大いに力んで構わない

スピードガンの数字が130キロ台であっても、その数字以上に速く感じさせるストレート。これが僕の理想のストレートだと書きました。そして、実際にそういうストレートを投げているのが、中日の山本昌さんです。

子供のころ、僕の投球観を一変させた山本昌さんと初めて先発ピッチャーとして投げ合ったのは03年5月30日、舞台は千葉マリンスタジアムでした。

結果は4対5でヤクルトの負け。僕は2回4失点KO、ボコボコに打たれました。試合内容以上に印象深いのが、当時37歳の山本昌さんが投げるストレートの速さです。

〝体感スピード〟と書いたほうがいいかもしれません。ビックリしました。第1打席では右ヒジに死球を受けたのですが、なんだかうれしかったことを覚えています。

身長186センチの山本昌さんと167センチの僕とでは、前足の踏み出し位置も異なります。当然、山本昌さんのほうが「6足半」の僕よりも前方にスパイク穴ができるのですが、ステップ幅の広さを目の当たりにして「スゲエ」と感じたものです。

ちなみに、プレートのどこを踏んで投げるのか。この点も僕と山本昌さんでは異なります。山本昌さんは一塁側、僕はプレートの中央に左足を置きます。

プレートの中央に軸足を置くピッチャーというのは珍しいかもしれません。もちろん、そこには狙いがあります。多くの左ピッチャーと同じようにプレートの一塁側を踏んで投げると、たとえば右バッターの内角にカットボールを投げたときに、ボール1つ分甘くなるんじゃないかという不安があります。また、シンカーは外角のボールゾーンからボールゾーンにしか変化しないのではないかという不安もあります。

1球ごとに踏む場所を変えているピッチャーもいますが、球種がバレる危険性も高く、なおかつ前足を踏み出す位置も変わってきてしまうので、僕には無理です。したがって、中央の1カ所に軸足を置くようにしています。

山本昌さんのストレートに話を戻しましょう。ご存じの方もいらっしゃるかと思いますが、キャンプインに先がけておこなう1月の自主トレを、09年からは山本昌さんと合同でやらせてもらっています。使用する用具のメーカーが同じだったこともあり、以前からグラウンド外でお会いする機会も多かったのですが、意を決して「ご一緒させてください」とお願いしたところ、快くOKしていただいたのです。

キャッチボールの相手を務めてみて、あらためて「スゴイ」と思ったのは、ストレートの回転数の多さでした。スピンが利いている、と表現してもいいでしょう。

この回転数でありスピンがストレートのキレを生み出している、という見方は正しいと思います。しかし、腕の振りが速くて、その腕の振りの速さに見合ったストレートだと、どんなにキレが良くてもプロのバッターは打ち返します。

繰り返しになりますが、一見、ゆったり軽く投げているような感じの腕の振りから、シュッとしたストレートを投げることができれば、バッターは腕の振りとのギャップによって打ち返すことが困難になります。

著者の投球観を一変させたという山本昌とは、09年から合同で自主トレを行っている

僕はこのストレートこそが、本当にキレのあるストレートだと思っています。そして、山本昌さんはそういうストレートを今なお投げ続けています。

では、ピッチングのメカニズムとして、どうすればキレを生み出せるのか。「これだ」という答えは今も探し求めている最中ですが、僕の経験に基づけば、がむしゃらに腕を振ってもボールの回転数は上がりません。ポイントは、リリースの瞬間にあるのでないでしょうか。いかに指先を走らせるか。よく「腕をムチのように使え」と言われますが、その通りだと思います。

じゃあ、手首やヒジの関節がグニャグニャ柔らかければキレのあるボールが投げられるのかと言えば、そういうものでもないと思います。下半身の力をいかにタイミングよくボールをリリースする指先に伝えるか。僕の目に「タイミングのいい投げ方してるなあ」と映るピッチャーの共通点は、どんなフォームであれ、下半身の力をうまく上半身に伝えていることです。そのためには、投球動作において下半身は大いに力んでいい。力み倒すべきだと思っています。

しかし、上半身は力んではいけない。ここが難しいところです。速いボールを投げようとする子供たちは、たいてい上半身を力ませてしまいます。腕だけの力を使って投げようとすると、故障のリスクも高まります。

この本を読んだ子供たちが、明日ただちに下半身だけ力んだ投球フォームをマスターできるとは思いません。しかし、明日からいろいろ試すことは誰にでもできます。

「上半身と下半身、手と足を比べたら、足の力のほうが絶対に強い。だったら、その足を使うべきだ」

これは元ヤクルトのストッパー、高津臣吾さんの言葉ですが、その通りだと思います。下半身の力を上半身に伝えるために、たとえばキャッチボールひとつ取っても単なるウォーミングアップで終わらせるのではなく、どういう体の使い方をすればキレが良くて気持ちのいいボールを投げられるのか。いろいろ試す価値は十分にあります。

僕自身、いまだにいろいろ考えながらキレのいいストレートを求めて練習に取り組んでいます。なぜなら、もっともっと野球がうまくなりたいから。オレってまだまだうまくなるんじゃないか、と思っているからです。

キレのいいストレートを追い求めていく

シンカーを習得したことでプロへの道がつながった僕に、あらためてストレートの重要性を教えてくれたのは、古田さんでした。

「どんなピッチャーでもストレートがあってこその変化球。オマエのような技巧派でも、ストレートが行かないと何も始まらないぞ」

山本昌さんからも同様のアドバイスをもらったことがありますが、僕のストレートに対するこだわりは、おそらく皆さんが考えている以上に強いと思います。

たとえスピードガンの数字は低くても、ファウルにさせたり、バッターが差し込まれたり。テレビを見ている子供たちには、そういうシーンにもどんどん注目してもらいたい、と思っています。

もちろん、すべての試合で理想とするストレートを投げられるわけではありません。僕はボールをリリースするとき、ナナメ左上に視線を向けています。子供のころ、父親に「ボールを放すところを見なさい」と言われ、それがクセとなって残っているのだと思いますが、実は自分でも何を見ているのかよく分かりません。リリースの瞬間を見ようと思っても、一瞬の出来事なので見えないのが現実です。でも、視線を向けることでいいストレートが投げられたかどうか、なんとなく感じることができます。ただ、自分の感触は良くても、キャッチャーに聞くと「イマイチ」という日がありますす。もちろん、逆のパターンもありますが、バッテリーの見解が「イマイチ」で一致する日もあります。そういう状況でも、バッターを抑えなきゃいけないのがピッチャーです。そこがまた難しくて面白いところでもあり、実際に抑えることができれば、ピッチャーの責任は果たしたと言えます。

しかし、僕は手放しでは喜べないというか、それで満足するのはピッチャーとしてのプライドが許さない部分があります。

あくまでも、キレのいいストレートを追い求めていきたい。回転のいいストレートを両サイドにきっちり投げていきたい。これが僕の譲れないこだわりです。春季キャンプでは、きれいな回転のストレートを投げないことには投球フォームもできあがっていきません。

日本のプロ野球に押し寄せつつあるツーシームの波。そう遠くない将来、ピッチャーがきれいなストレートを投げない時代がやってくると思います。でも、僕はキレのいいストレートがあってこその変化球、というピッチングを貫くつもりです。

不規則な変化をするツーシームは、バッターにとって厄介な球種です。しかし、その回転自体はプロのバッターであれば目で追えるはずです。スライダーであればスライダーの回転、シュートであればシュートの回転。反応できるかどうかは別にして、その違いは把握できるはずです。

だからこそ、僕はこんなことを夢想します。フォーシームのきれいな回転のストレートを、いろいろ変化させられないだろうかと。ストレートの回転だけど、ストレートじゃない。これはストレートじゃない、とバッターに思わせたい。

たとえば、ストレートの回転で飛んでくるんだけど、調子が悪いとたまにフォークボールのように落ちる球。この球については実際「マッフォ」という言葉もあります。そういう誰も投げたことがない新たなボールがあるのではないかと、僕はひそかに、しかし真剣に考えています。

第五章

全8球種、ボールの握り方を紹介します

ストレートあってこその変化球

ここからは現在、僕が投げている8種類のボールについて、その握り方を中心に説明していきます。まずはピッチングの核、ストレートです。

すでに書いた通り僕のストレートはフォーシーム。人さし指と中指を縫い目にかけます。親指を真下に持ってきて、人さし指&中指と二等辺三角形を作ります。そうすることで安定感が出ます。逆に親指の位置を真下からずらせば、ボールは変化します。薬指についてはボールに添えるだけ。とくに意識しません。

07年にファーム暮らしが続いたとき、いろいろと雑誌等を読んで他のピッチャーの握りを研究しました。そのなかで藤川球児投手（阪神）のストレートの握りを参考にさせてもらいました。それまでは人さし指と中指の間に指1本分ほどのすき間があったのですが、07年のシーズン終盤ぐらいからは間隔を狭めて握るようにしています。すると、ボールによりスピンがかかるようになりました。

手が小さい子供の場合、人さし指と中指の間隔を開けたほうが安定します。僕も調子が悪い日は、以前と同じように2本の指の間にすき間を作ってしまいます。上から

ストレート

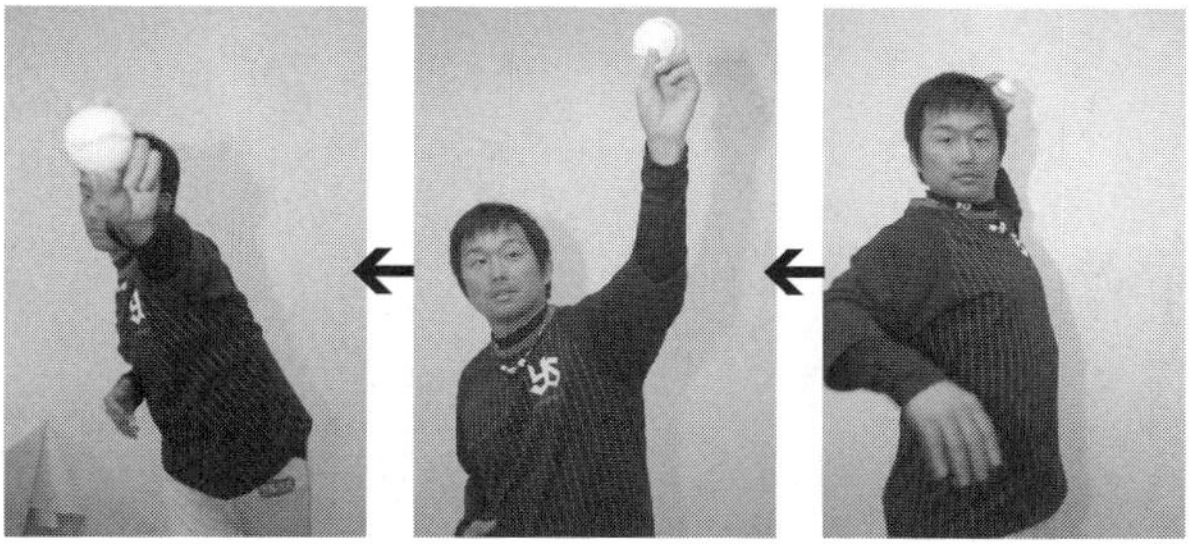

すべての基本となるストレート。人さし指と中指の間隔を狭めて握ることでよりスピンがかかる。腕は縦振りを意識する

〝ガッポリ〟とボールをつかんでしまうというか。無意識のうちに安定させようとしているのだと思います。

子供たちは、どうしても変化球を投げたがります。なぜなら変化球を投げれば打ち取れると思っているからです。なぜなら変化球を投げるのは楽しいからです。初めてボールがキュッと曲がったときの喜びは、僕も知っています。しかし、ストレートがあってこその変化球だということを、ここでも声を大にして言っておきます。

カーブは「手の甲を前にポンと出す」感じで

次は僕が初めて覚えた変化球、カーブです。中学時代、父に教えてもらって以来、高校、大学と投げてきましたが、握り方については試行錯誤を重ねてきました。プロ入り当初と現在でも異なります。指の配置としては同じですが、縫い目のどこに指をかけるか。その位置が違います。

現在の位置は163ページに掲載した写真を見てください。中指をちょっと縫い目に引っかける感じで握っています。ただし、全体的にギュッとは握りません。手からボールが落ちそうで落ちないぐらいに、「ふわっ」と軽く持つ感覚です。

高校時代はカーブを得意にしていましたが、スライダーやカットボールを投げ始めると、徐々にカーブの曲がりが悪くなっていきました。理由はよく分かりません。ただ、腕の振りや体の使い方自体が「横振り」になって、それまで縦に切っていたカーブが投げられなくなる、という現象はよく見られます。したがって、プロ入り後も持ち球のひとつではありましたが、実戦ではあまり使いませんでした。

しかし、09年シーズンから緩急をつけるための武器として、また投げるようになりました。球速は100キロにも満たないゆるいカーブ。「カツオカーブ」という名称は皆さんもご存じかと思います。

投げるうえで意識しているのは、ストレートと同じ腕の振りからどれだけボールが抜けるか、ということ。できればストレートよりも強く腕を振りたいぐらいです。

リリース時のイメージとしては、腕を強く振ってそのあとからボールが遅れて出てくる感じ。別の表現をすれば、腕を振った勢いによって手からポロッと落ちる感じです。理想は、親指でパチンと弾いてボールに回転（スピン）を与えたいのですが、僕はなかなかそれができません。したがって、スピンも中指でかけている感覚です。

もうひとつ、リリース時の手の動きを言葉にするなら、「手の甲をポンと前に出す」ようにしています。手首をひねれば大きく変化すると思います。でも、その結果としてボール球になってしまったら意味がない。どんなに大きく曲がってもホームベースの前でワンバウンドしたら意味がない、というのが僕の考えです。

プロ野球の世界でも、とくに最近の若いピッチャーは「変化球はストライクからボールにしなきゃいけない」という意識を抱きがちです。しかし、ストライクを投げなきゃ何も始まりません。まずは、己を知ることです。こういう投げ方をすればここに行く。その感覚をつかむことが、変化球のコントロールを向上させる第一歩です。

そして、少しでも早く感覚をつかむためには、いつでもどこでもボールを触り、頭のなかでは常にリリースや軌道をイメージする。そういう努力も必要だと思います。

スライダーは人さし指で横に切る

次は高校時代に覚えた変化球、スライダーです。

カーブ

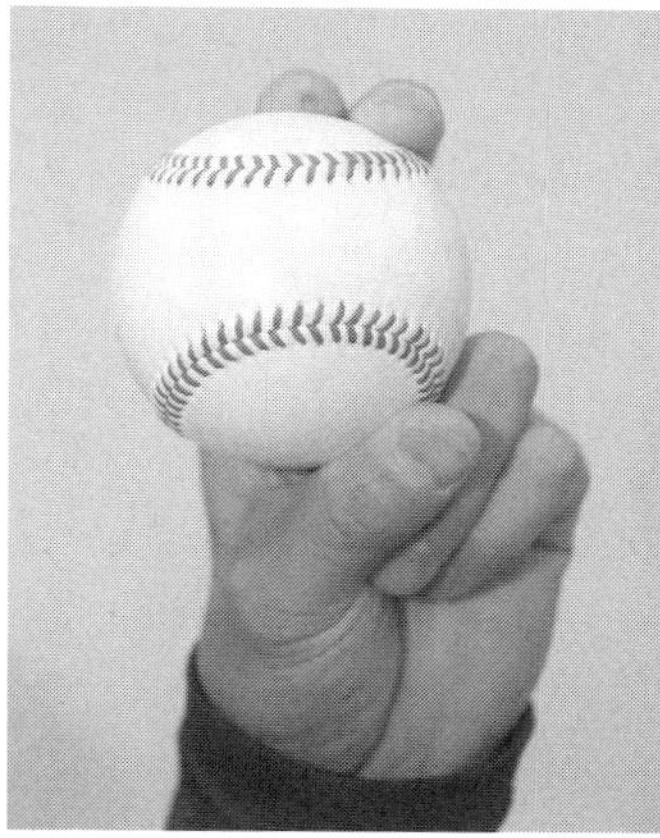

カーブも腕の振り自体はストレートと同じ。手首をひねって曲げようとするのではなく、手の甲を前にポンと出す感じで投げる

プロ入り当初は人さし指だけを縫い目にかけていましたが、今は次ページの写真の通り人さし指と中指の2本をかけています。現役時代に高速スライダーで一世を風びした東京ヤクルトの伊藤智仁投手コーチや、千葉ロッテの成瀬善久投手にも話を聞いて、この握りにたどり着きました。2本の指を縫い目にかけることで、よりスピンがかかり曲がりも大きくなりました。ボールに力が伝わっている感覚もあります。

リリースのイメージとしては、人さし指で横に切る感じです。人さし指によってボールを横すべりさせると言ってもいいでしょう。ピッチャーのなかには「スライダーは中指で」という人もいますが、僕は人さし指のほうが強く使えるので、そういうイメージを持って投げています。ただ、中指をまったく無視しているわけではなく、リリース時にかける力の配分比率としては〝人さし指6、中指4〟というところでしょうか。ちなみに、ストレートも人さし指と中指を縫い目にかけますが、最終的にはやはり人さし指に力を入れてリリースしています。

そして、スライダーをリリースするときの手首の動きですが、ひねる感覚はほとんどありません。リリースポイントに透明な壁が、ボールの進行方向とは直角の角度で

スライダー

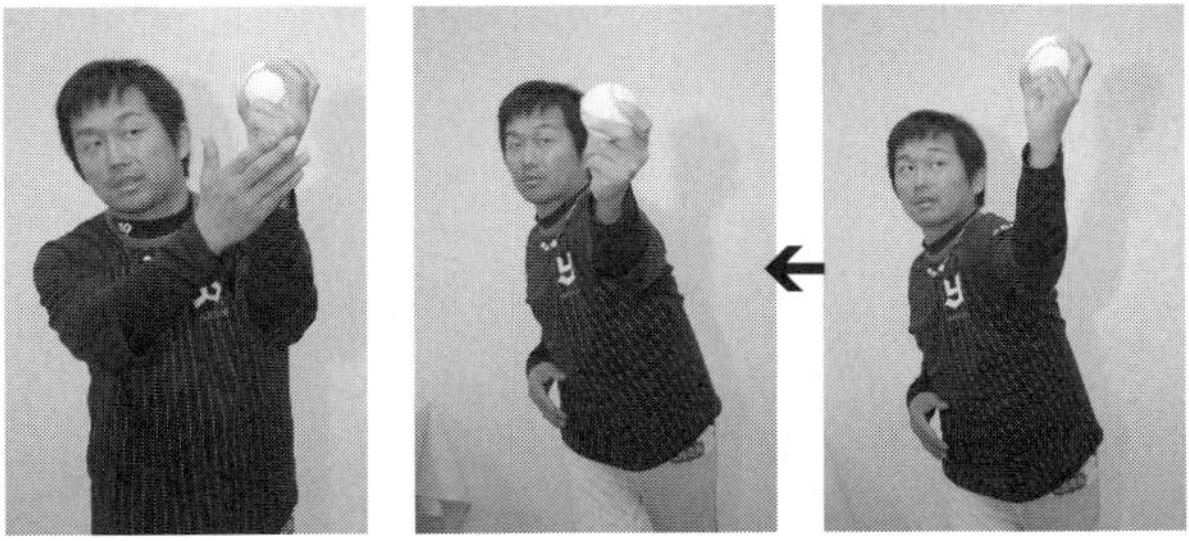

リリース時のポイントはひねらないこと。透明な壁にバンと手を当てる感じでリリースする

立っていると仮定して、その壁にボールを握った手を「バン！」と勢いよくぶつける。手をぶつけたことによってはじき出されたボールが、勝手にスピンを利かせてキャッチャーミットに飛んでいく。そんなイメージで投げています。

これだけは手放せない、ゆるいシンカー

続いては僕の運命を変えてくれた変化球、シンカーです。現在は3種類のシンカーを投げていますが、まずは、ゆるいシンカーから説明します。

大学2年の春、青学大の善波コーチのアドバイスがきっかけとなってマスターしたことは、すでに書いた通りです。

「こうやってはさんでみたらどうだ？」

善波コーチが教材として提示してくれたのは、西武で活躍されていた潮崎哲也さんのシンカーの握りでした。潮崎さんは右のサイドスロー。僕とは利き腕も投球フォームも異なりますが、同じようにボールを中指と薬指ではさんで遊び感覚で投げてみたら、思いのほか面白い変化をしてくれました。ボトッと落ちていったのです。

リリース時のイメージとしては、腕を強く振ったあとに中指と薬指の間からゴロゴロと転がりながらボールが出ていく感じ。その意味ではカーブと似ています。

そして、ボールは横回転をしながら飛んでいきます。縦回転ではなく、しっかり横回転しているかどうか。ここが僕なりのチェックポイントです。

バッターの手前で一度、「ポン」と浮き上がって、そこからストンと沈んでいく軌道がマウンドから確認できれば、好調の証です。実際には浮き上がることはありませんが、バッターの目線を変えるためにも「ポン」は重要です。

「無人島に何かひとつだけ持っていけるとしたら、何を持っていきますか？」

テレビのバラエティ番組などで芸能人の方がよくこの手の質問に答えていますが、僕にとってゆるいシンカーはまさにそういうボールです。カウントを整えたいときにも使えるし、決め球としても使える。緩急の要。僕をプロに導いてくれた、かけがえのない相棒です。

しかし、プロ入り後にマスターした第2のシンカー、スピードが比較的速いシンカーも現在の僕にとっては大事な大事な変化球です。

「今のままだとやっていけなくなるぞ」

そんな古田さんの指摘がきっかけとなり、03年の春季キャンプから習得に取りかかりました。握り方としてはフォークボールに近いと思います。当初は人さし指の内側を縫い目に乗せるように握っていましたが、現在は縫い目にかけていません。

過去にはフォークボールに挑戦したこともありました。プロでやっていくには落ちるボールが必要だと感じたからです。しかし、人さし指と中指で深くボールをはさむことができず、断念しました。その挫折経験があるので、握り方は似ていても僕のなかではあくまでも速いシンカーという認識です。

リリース時のイメージは、人さし指をザクッとホームベースに突き刺す感じ。ホームベース上に落ちてくれたらいいかなぐらいの気持ちで投げています。

そして、第3のシンカー。こちらは11年の春季キャンプから習得に取り組んでいる、新生児のような変化球です。

ゆるいシンカーとも速いシンカーとも異なる第3の軌道を手に入れたい。具体的には、スッと外側に逃げ落ちる感じ。こういうシンカーが投げられるようになれば、内野ゴロがもっと取りやすくなるのではないか。これが僕の狙いです。

握り方としては速いシンカーからの応用で薬指の位置が異なります。山本昌さんのシンカーがこういう握りです。そして、山本昌さんのシンカーこそがまさに理想形でもあります。ストレートのように進んでいって、最後にスッと逃げ落ちる。でも、現状としてはスッとは落ちず、ズズズッという感じです。軌道としてはチェンジアップ気味と言えるかもしれません。

球速も、山本昌さんのシンカーは130キロぐらい出ていますが、僕の第3のシンカーはそこまでは出ません。110キロ台のゆるいシンカーと、130キロ台の速いシンカーのちょうど中間ぐらい。ということから、ひとまず「中間のシンカー」と呼んでいますが、ある新聞記者の方から「マスオシンカーでどうですか?」と言われました。実際、すでに新聞記事のなかでも使われています。

正直、当初はあまりピンと来なかったのですが、サザエさん一家は3世代家族で、マスオさんはその中間の人なので、意外にいいかもしれません。「マスオシンカー」の名称が広く浸透するよう、一日も早く完全にモノにしたいと思っています。

ゆるいシンカー

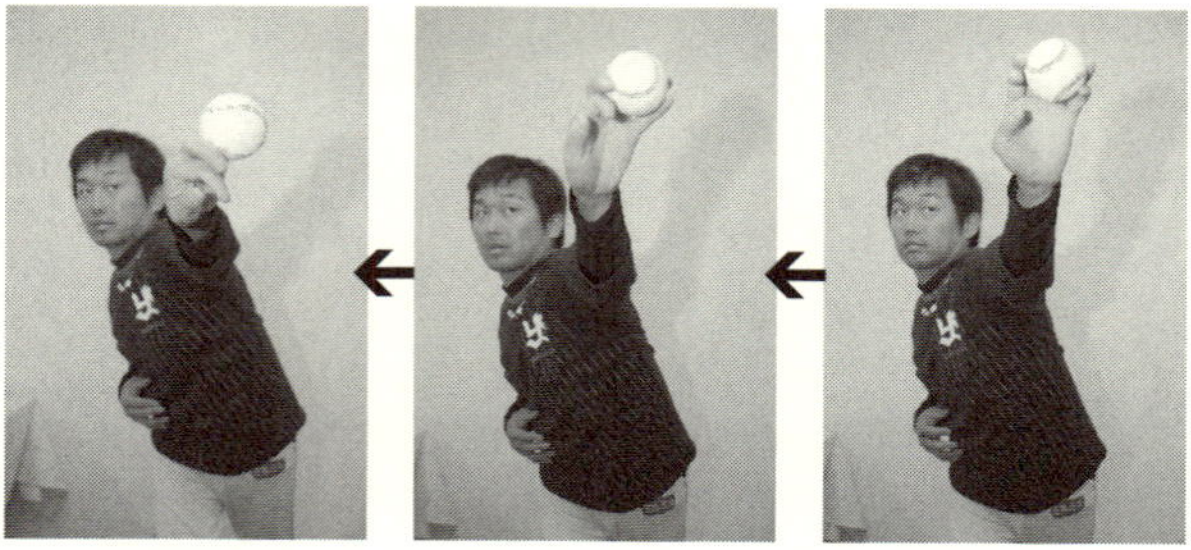

中指と薬指の間からボールを抜く。横回転になるのが理想。手首を寝かせないように意識することがポイント

速いシンカー

人さし指をホームベースにザクッと突き刺すようなイメージでリリースすることがポイント

中間のシンカー

速いシンカーの応用形。薬指の位置を変えることで球速の変化を狙う。このボールも手首を寝かせないように注意したい

カットボールは曲げようとしない

続いては大学4年の春から投げている変化球、カットボールです。スライダーとは別に、右バッターの内角に投げて詰まらせる球種がほしい、と思ったことがきっかけでした。そして、意外にすぐ習得できました。

握り方はストレートに似ています。人さし指と中指をくっつけた状態で縫い目にかけるのは同じ。ただ、指の位置を左側にややずらしています。

リリース時のポイントは、曲げようとしないことです。ストレートのつもりで腕を振って、最後に右バッターの内角にちょっと押し込む感じで投げていきます。ここで言う「押し込む」とは、リリースの位置をストレートよりも前にずらすことを意味しています。ボール1個分ぐらいリリースを我慢する。若干、指に引っかかった感じのストレート、というイメージです。

また、ストレートの項で、最終的には人さし指に力を入れると書きましたが、カットボールの場合は最終的に中指に力を入れるようにしています。

曲がり幅としては、スライダーが最大ボール3個分ほどなのに対して、カットは最

カットボール

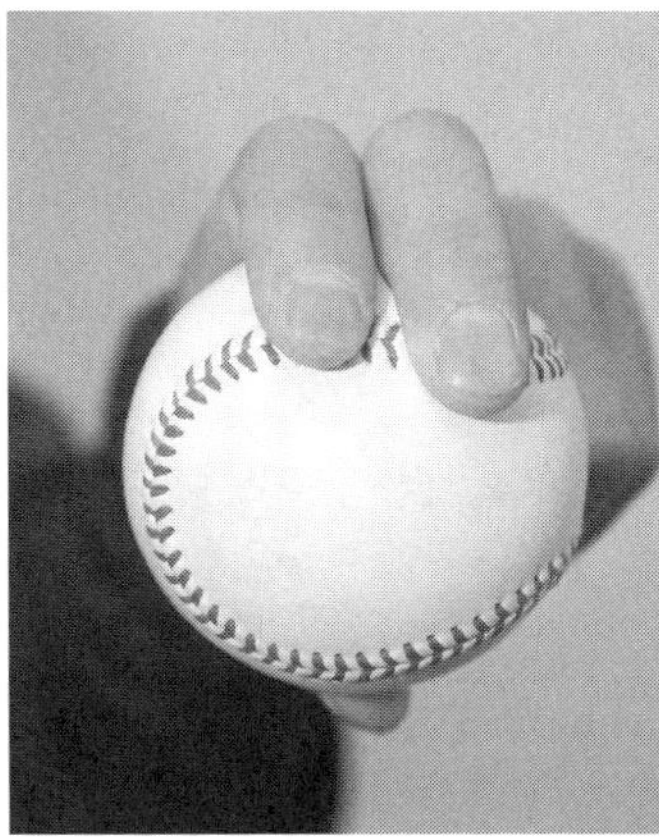

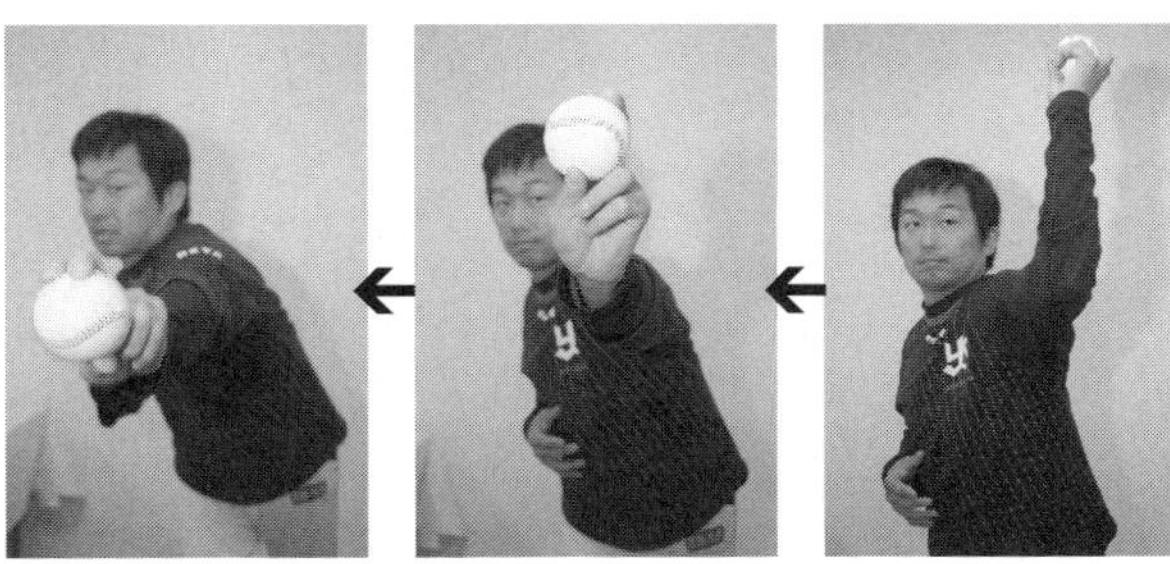

ポイントは曲げようとしないこと。ストレートよりもリリースを遅く、右バッターの内角に押し込むように投げる

大ボール2個分ぐらいでしょうか。ピッチャーによってはカットのような変化球をスライダーと称する人もいれば、その逆もいます。表現方法は人それぞれだと思いますが、僕のなかではカットはカット、スライダーはスライダーです。

カットとスライダーで決定的に異なる点はスピードです。指に引っかかったストレートのスピードが思いのほか出るのと同じように、カットボールも好調時はストレートより速くなったりします。ここがスライダーとの違いです。

もし、カットボールを習得しようと思ったら、ブルペンではストレートとカットを1球ずつ交互に投げるのがいいと思います。これは僕自身がやってきた練習方法です。カットばかり投げていると、どうしてもボールを曲げたくなってしまうので、それを防ぐというのが練習の狙いです。また、1球ずつ交互に投げていけば、ストレートと同じ感覚の腕の振りも自然と身に付いていくはずです。

「不安定な握り」だからこそ曲がるシュート

最後に説明するのは07年のシーズン中から本格的に投げている変化球、シュートです。習得のいきさつについてはすでに書いた通りです。それ以前も、握り方についてはいろいろと試していました。たとえば、03年ごろはボールのなかで縫い目の間隔がもっとも狭いところ、その部分の縫い目に沿って人さし指と中指をセットしていました。軟式ボールで言えば「A」や「B」のアルファベットの部分を、人さし指と中指の第1関節付近ではさみ込む感じ。いわゆるツーシームの握り方です。

そして、人さし指には力を入れすぎない。力の配分比率は〝人さし指5、中指5〟か、もしくは〝6対4〟ぐらい。そのうえでストレートと同じ腕の振りで右バッターの内角にきちっと投げることができれば、自然にシュートしてくれました。

ところが、理屈は分かっていても、より大きな曲がり幅を求めるあまり体の開きが早くなりフォームが崩れました。また、球速的にも物足りなかったことから「しっくりこないなあ」と思うようになり、いつしか倉庫の奥にしまいこんでしまったのです。

しかし、07年に現在の握り方と巡り合い、ピッチャーとしてひと皮むけることができました。握り方で大きく変わったのは、177ページの写真の通り縫い目に指をかけないこと。指をセットする位置も03年当時とは異なります。ちなみに川崎憲次郎さんのシュートがこういう握りです。

縫い目に指をかけないと不安定なような気もしますが、不安定だからこそ曲がってくれるのだと思います。スピードもアップしたわけではありませんが、縫い目に指がかかっていないからといって、とくに遅くなったわけでもありません。逆に、指に引っかかってしまうという現象がなくなったので、左バッターの内角を狙ったシュートがホームベースの中央付近に行ってしまうということがなくなりました。

人さし指と中指は「ボケた」イメージ。ボケているからこそ曲がる。腕の振りは、もちろんストレートを投げるときと同じ。しっかりボールを縦に切ることをイメージすれば、勝手にボールが曲がってくれる。それが僕のシュートです。

変化球も手首を寝かせずに投げる

以上8つの球種について、その握り方を中心に説明してきました。言うまでもなく、僕の握り方が絶対的な「正解」というわけではありません。カーブにしても、シュートにしても、握り方は十人十色です。

シュート

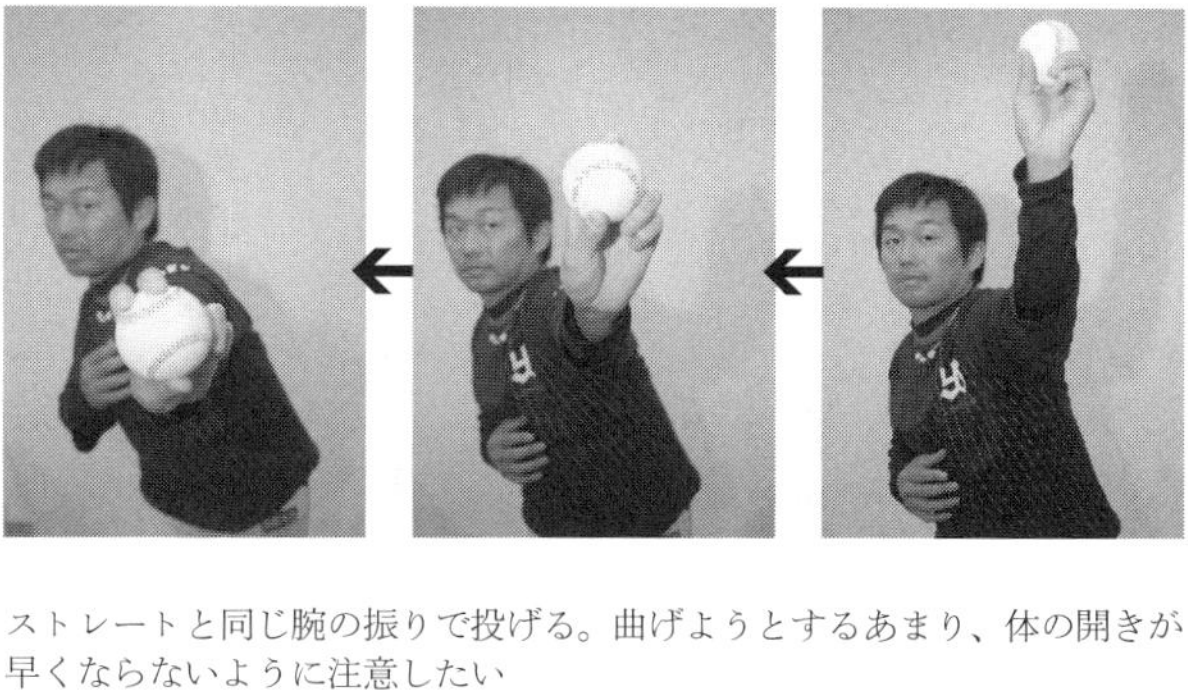

ストレートと同じ腕の振りで投げる。曲げようとするあまり、体の開きが早くならないように注意したい

だからこそ、僕自身も試行錯誤を重ねてきました。そのなかで、一定の効果があった変化球を封印したケースもあります。それは大学1年のころに習得したチェンジアップです。投げ始めた当初は変化も大きく、バッターの体勢を崩す役割を果たしてくれたのですが、そのうち「もっと変化させよう、あそこに落とそう」という〝色気〟が出始め、ついつい手先でボールを操作するようになってしまいました。

その結果、腕の振りがゆるみ、チェンジアップの変化自体がボケるという悪循環に陥ったので、プロ3年目ぐらいにレパートリーから消去しました。

何度も書いてきましたが、ストレートと同じ腕の振りで投げる。これが変化球を投げるうえでの基本です。もちろん、一朝一夕に身に付く技術ではありませんが、だからといって「無理だよ」とあきらめてしまったら成長できません。まずは、絶対に同じ腕の振りで投げるんだと「意識する」。これなら誰にでもできるはずです。

僕には球種を問わず、リリース時の手首の動きについて心がけていることがあります。それは、手首を寝かせないようにすることです。具体的には、小指の側に手首が倒れないよう意識しています。

つまり、手首はしっかり立っている状態でボールをリリースしたい。ストレートであれば誰でもイメージできると思いますが、カーブでも、スライダーでも、手首を寝かさずに投げる。中指と薬指の間からゴロゴロと転がりながらボールが出ていくゆるいシンカーにしても、手首を立てることによって僕が理想とする横回転が可能になります。ちなみにサイドスローであっても、いいピッチャーと言われる人はリリース時にしっかり手首が立っています。シンカーが代名詞の高津さんも、そうです。

ところが僕の場合、シンカーのような抜くボールを投げることによって、ストレートのリリース時に手首が寝てしまう傾向がありました。手首が寝ると弱い球しか投げられなくなります。だからこそ、常に「意識する」ことが大切になってきます。リリースの瞬間の写真を見ると、もしかしたら手首は十分には立っていないかもしれません。でも、意識していてそうなったのと、意識せずにそうなったのとでは、繰り出すボールの力強さに決定的な違いが生じる、というのが僕の実感です。

ボールの質が悪くなってしまうのと同時に、球種によって手首の角度が異なれば、それがクセとなって相手バッターに球種がバレてしまいます。

変化球に大きな変化はいらない

意識することが大切である、と書きました。同時に、何を意識するかも重要です。

「変化球はできるだけ大きく変化させたい」

僕はこの意識こそが、ストレートと比べて腕の振りをゆるくさせたり、手首の角度を変えてしまう、その要因になっているのではないかと思っています。

確かに、カーブにしてもスライダーにしても、変化が大きいことはピッチャーにとってひとつのアドバンテージになります。事実、僕自身もスライダーの曲がりが以前と比べて大きくなったことは、前向きに受け止めています。

しかし、ピッチャーは変化の大きさを競っているわけではありません。どんなに曲がりの大きなスライダーでも、バットの芯でとらえられ、打ち返されてしまったら、意味がありません。

ピッチャーが戦っている相手はバッターです。そこで僕は、次のような意識で変化球を投げています。

「大きい変化はいらない。小さな変化でいいから、できるだけバッターの手もとに近いところで変化させて、バットの芯を外したい」

僕が目指しているのはボール2個分ほどのささやかな変化。バットの芯さえ外すことができれば、少なくともホームランを打たれる確率は一気に低下します。

「変化球はストライクからボールにしなきゃいけない」

これはカーブに関する説明のなかでも書いた、最近の若いピッチャーが抱きがちな意識です。しかし、この意識にしばられると、自分で自分のピッチングを苦しくしてしまいます。まずはストライクを取れるようにする。変化は小さくていいのです。

春季キャンプにおける変化球の練習。僕は真ん中に投げることしかしません。いつでも真ん中に投げられるようになれば、あとはリリースを早くするか、遅くするかによって、高低の調整は十分に図れます。

「ピッチャーの仕事はストライクを投げることである」

これから先、いろんな変化球をマスターしたいと思っている子供たちは、この意識を持って練習に取り組んでほしいと思います。

相手に自分がどう思われているか、を考える

ここからはバッターの攻め方について考えてみたいと思います。

たとえば、そのバッターが苦手としているゾーンを攻めるのか。

または、バッターの特徴はさておき自分の得意なボールで圧倒しようとするのか。

どちらの道筋を選択するかによって、配球はガラッと変わるはずです。

以前の僕は、相手の特徴を研究するタイプでした。しかし、最近は「相手に自分がどう思われているか」を重視しています。

石川雅規の一般的なイメージは、シンカーで間違いないでしょう。つまり、「相手にはシンカーが得意なピッチャーだと思われている」というのが出発点になります。そのうえでシンカーのイメージを逆手に取って、ストレートで攻める。それによってストレートの意識が強くなれば、今度はいよいよシンカーが生きてきます。基本はあくまでもストレートあっての変化球です。

相手も当然、先の先を読んで「そろそろシンカーが来そうだ」と狙ってくるはずです。そうした相手の心の内が読めたら、今度はカットボールで攻めてみる。

これは配球パターンの一例に過ぎません。仮にあるバッターを5球で打ち取ったとしましょう。僕には現在、8つの球種があります。その8種類を5球のなかでどう組み合わせていったのか。考えられる組み合わせ方の総数は「8×8×8×8×8」で3万2768通りになります。

ただし、同じストレートを投げるにしても、内角を攻めるのか、外角を攻めるのかによって意味合いは大きく変わってくるわけですから、配球パターンはほぼ無限に存在すると考えていいでしょう。

そのなかから、たったひとつの配球を選択して、バッターを打ち取るという目的に向かっていく。気の遠くなるような作業ですが、だからこそ投げるボールが決まったら、明確な意図を持ってそのボールを投げ込む必要があると思っています。

たとえば、先ほど挙げた配球パターンの一例。バッターの意識がシンカーに傾いてきたのが分かったらカットボールで攻めてみる、と書きました。しかし、その根拠が「なんとなく次はカットボールが良さそうじゃないか」というレベルだとしたら投げるべきではない。「まあ、これでいいや」という感じで投げたボールが打たれると、後悔だけが残ります。

バッターがシンカーを狙ってきている状況でも、シンカーを投げるほうが内野ゴロに打ち取れる確率が高いと判断できたら、シンカーで勝負する。実際、こういうケースはよくあります。

たとえ打たれても内野ゴロになるように、それまでにきっちりストレートを見せておく。そして、きっちりと狙ったコースにシンカーを投げる。仮にその結果ヒットを許したとしても、しょうがないと納得できます。

「ドン、ドン、ドン」と真ん中にストレートを3つ投げてバッターを抑えられたら、どんなに楽だろうなあと思います。でも、僕のようなピッチャーでも、やりようによってはバッターを抑えられる。だから野球って楽しいのです。

僕なら「石川雅規」をこう打つ!

さて、配球がピタッとはまり相手チームを0点に抑えたとしましょう。しかし、それで試合に勝てるわけではありません。最低でも1点、得点を奪う必要があります。

そのためにはピッチャー自身もバッターとしての役割を果たさなくてはなりません。役割を果たすことが、勝てるピッチャーになるための条件でもあります。

事実、ピッチャーが送りバントを失敗することで、流れが変わってしまうことがよくあります。10年シーズンの僕がそうでした。バントがしっかり決まり始めると、白星もついてきました。

僕自身、送りバントの際に心がけているのは、何よりもまずバットにボールを当てること。空振りは禁物です。そのうえでいいコースに転がすことよりも、打球の勢いを殺すことを優先する。これが成功のポイントだと思っています。

そして、バッティング。この際ですから、僕なりの打撃論を披露してみましょう。

高校時代からバッティングは好きでした。打順は下位でしたが、僕がうまくつなげるとよく得点が入ったことを覚えています。

それだけに今もバッティングはおろそかにしちゃいけないと思っています。もちろん、プロのピッチャーのボールはそう簡単に打てません。したがって、ここでもまずはバットにボールを当てることを考える。当てれば何か起こる可能性があります。

打撃フォームとしては、右足は少ししか上げません。「タイミングのずらし合い」という勝負のなかで、極力タイミングをずらされないようにする。そして、ストレートのタイミングで待ちながら変化球に対応していくというのが僕のバッティングです。

ピッチャーの心理として、打席にピッチャーを迎えると投げづらいものです。だからこそ、ピッチャーは自信満々に打席に立つべきだと思います。

僕には目標があります。それはホームランを打つことです。10年シーズンでは悔しい思いをしました。館山投手が8月6日の横浜戦でプロ第1号を記録、先を越されてしまったのです。実はキャンプ中から「今年は打ちますよ、石川さん」と公言し、かなり打ち込んでいたことは知っていたのですが……。あの日は自宅でテレビを見ていて本当に驚きました。悔しすぎる！

僕もキャンプの打撃練習では外野フェンスを越える打球を打ったことがありますが、実戦になるといまだ〝惜しい当たり〟というのもありません。悲しいかな、パワー不足を痛感しております。そこへもってきて、飛ばないボールの導入。うーむ。

でも、夢を捨てたわけではありません。ピッチング同様、バッティングについてももっともっとうまくなれるんじゃないか。頑張ればオレだって青木選手のようなバッターになれるんじゃないか、と思っているからです。

もちろん、青木選手のバッティングは参考にさせてもらっています。こんな身近に素晴らしい教材があるわけですから、放っておくなんてもったいない。直接、質問をぶつけてアドバイスを受けたこともあります。尋ねたのは、変化球の打ち方でした。

「ポイントを前めに移して打つと、一、二塁間を抜けていきますよ」

これが青木選手の答えでした。早速その通り試合で打ってみたところ、チェンジアップの曲がり際をとらえて、一、二塁間を抜けていくタイムリーヒットを打つことができました。ホント、驚きです。

青木選手本人も、変化球を前めのポイントでとらえてライト前に運ぶというバッティングをよく見せています。しかし、これは応用技術です。本来は和田選手と同じように、ボールを十分に引きつけ、体に近いところで打つタイプのバッターです。ギリギリまでボールを見極め、的確にミートする。この高い技術があるからこそ、前めのポイントでも打てるのだと思います。いつも前めのポイントでばかり打っていたら、もっとストレートには差し込まれ、選球眼も悪くなるはずです。

僕にとってホームランを打つことは夢であり目標ですが、打席に立つ限り絶対に不可能というわけではありません。しかし、心に秘めているもうひとつの夢は、残念ながら永遠にかなうことのないものです。

かなわぬ夢。自分が投げたボールを捕ってみたいのです。どんな球なのか。どんな回転をしているのか。映像で確認することは今でも可能ですが、実際に自分の目で見るとまた違った印象を受けると思うのです。

つまり、自分の球を知ることができる。もし、自分の球をキャッチすることができたら、もっとピッチングがうまくなることでしょう。

その延長線上の夢として、自分の球を打ってみたいとも思っています。

もし、バッターとして「石川雅規」と対戦することになったら……左バッターにはシュートが多いので、シュートを狙って打ちたい。石川のスライダーはいつでもバットに当たりそうな気がします。バットを内側から出して、シュートを詰まりながらでもセンター前に落としたい。うん、なんだか打てそうな気がします！

第六章　いつかは追いつきたいあの人

今年の投げ方をつかむことの重要性

ここまでピッチング時の体の使い方について、僕なりの考えを書いてきました。つまり頭のなかには「こうすべきだ」というものがあるのですが、それを毎シーズン、ベストな形で体現することの難しさも実は感じています。

春季キャンプでは、一日も早く「今年の投げ方をつかむ」ことが重要になってきます。早い時期につかむことができれば、それから先はポンポン進んでいくのですが、たとえば10年シーズンはしっくり来ないまま開幕を迎えたことで、前半戦の6連敗という事態を引き起こしてしまいました。

肉体は年を重ねるごとに変化します。また、体のコンディションも異なります。そのことが「今年の投げ方をつかむ」ことを難しくさせます。加えて10年シーズンは、最優秀防御率のタイトルを獲得した08年のイメージを追い求めすぎて、失敗しました。2年前の記憶をたどりながらいろいろ引っ張り出していくうち、カレンダーばかりがめくれていき、コレじゃないアレでもないとやっている段階で実戦に突入してしまったのです。

しっくり来ない感じは、頭の傾きに表れていました。第四章ではコントロール調整法として、「キャッチャーミットへとつながる一本のラインに右肩、および右のお尻の側面をまっすぐに乗せていく」と書きましたが、そのラインの外側に頭が逃げていました。頭は残しておかないと、強いボールを投げられません。

08年の好調時は頭も「パン！」とラインに入っていたので、そればかりイメージしていたのですが、画像を見比べるとまったく違う。なんで、なんで、というなかで無理にフォームを作りすぎたというのが実情でした。

それでもオープン戦ではいい結果が出ていました。周囲も「悪くないよ」と言ってくれました。自分自身がいい感覚じゃなくてもバッターを抑えられるならそれでOKというのも事実ですが、こうした根拠のない好調は長続きしません。実際、シーズンが始まるとボールが高めに浮き、2カ月以上、勝てずに苦しみました。

「今年の投げ方はこれなんだ」という確かな自信を持ってゲームに臨む。不安げな表情を見せたら最後、相手チームはどんどん攻め込んできます。

現在、ピッチャーをやっている子供たちも、自分のフォームを確立するために日々努力していることと思います。なかなかイメージ通りに投げられず、苦しんでいる子もいるでしょう。でも、プロ野球選手だって苦しんだり、迷ったり、悩んだり。もがいているのは君だけではありません。

だから、決してあきらめることなく、「これだ」というものがつかめるその日まで、頑張り抜いてください。継続は力なり。そして、「これだ」というフォームを身に付けることができたら、それは必ず大きな自信となり、君を支えてくれるはずです。

自分はこれだけやったんだ、という自信

ブルペンではいい球を投げられるんだけど、ゲームになると投げられない。こういう子供たちも大勢いると思います。これもまさに気持ちの問題。「打たれたらどうしよう」という恐怖心が、体を硬くさせ、腕の振りを鈍らせます。

僕も「ここで打たれたら」と考えないわけではありませんが、そういう思いが頭をよぎった時点で負け。仮にバッターを抑えることができたとしても、本当の力は身に付かないと思います。おっかなびっくり投げたボールでバッターを打ち取ったとして

も、それはやっぱり根拠のない好結果だからです。

いかにプラス思考で、前向きに投げられるか。もちろん甘いコースにボールが行ってしまえば、打たれる確率は高くなります。それでも打ち損じてくれる可能性がないわけではない。

「プロの石川さんが投げるボールなんだから、打ち損じることもありますよ」

こんな声も聞こえてきそうですが、それを言うなら相手のバッターもプロ野球選手です。プロ対プロ。対等の立場なのですから、なんら恐れる必要はありません。

小学生のピッチャーは小学生のバッターと戦い、中学生は中学生とぶつかり、高校生は高校生と勝負するだけのこと。多少、体格の違いはあっても、精神的に卑屈になる必要はありません。

たとえ真ん中に行ったとしても、しっかり腕を振って投げれば打ち損じてくれる。これぐらいの強い気持ちでボールをリリースすることがまずは大切です。結果、抑えることができれば自信につながります。ひとつのファウル、ひとつの空振り、ひとつのアウト。それらの積み重ねが小さな自信を大きな自信へと成長させてくれます。

僕も子供のころは不安な気持ちに何度も襲われました。でも、練習を重ね、結果を出すことによって克服してきました。「自分はこれだけやったんだ」という自信が、マウンド上での僕から不安の二文字を除去してくれました。

このところ、人前でお話をさせていただく機会が増えました。でも、苦手です。どうにも慣れません。ドキドキあがってしまいます。しかし、これも結局は練習不足ゆえの現象だと思います。練習していないからあがる。自信がないからあがる。トークも野球も不安の源は同じだということです。

もし、マウンドで弱気の虫が騒ぎ始めたら、とりあえず腕を強く振りましょう。それで打たれたらしょうがない。弱気な投球をした結果、ガツンと打たれて後悔するより何倍も得られるものがあるはずです。

「あがる」と「緊張」は似て非なるもの

マウンドでの僕の動きを見ていてお気づきの方も多いと思いますが、キャッチャーからボールを受け取ったあと、足もとのロジンバッグを左手で拾い〝ポンポンポン〟とお手玉のように操って、すべり止めの白い粉をかなり大量に付けます。よく他チームのバッターから「付けすぎだよ」と言われます。リリースの瞬間に〝フワッ〟と手から白い煙が出ることもあります。まさか大リーグボール2号を狙っているわけではなく、ボールの出所を見づらくさせようという意図もないので、〝ポンポンポン〟とやったら〝フー〟と息を吹きかけ、付けすぎたぶんを落とすようにはしています。

この〝ポンポンポンポン・フー〟の流れは、僕にとっての決まりごと。いわゆる「ルーティーン」です。ただし、意識してロジンに手を伸ばしているわけではなく、自然な動きです。そしてこの動作を繰り返していくうち、気持ちと体が試合に入っていきます。「試合だぞ」と体が認識していきます。ルーティーンにはこういう効果があります。どうしてもドキドキが治まらない人は、自分なりの動作をルーティーンとして習慣づけていくのもいいと思います。気持ちがスーッと落ち着くはずです。

「あがる」と似た精神状態に「緊張」があります。しかし、僕のなかでこの両者は似て非なるものだと考えています。

あがったらダメ。ドキドキも、ふわふわも回避したい。しかし、緊張感は試合に入っていくうえで必要不可欠なものだと考えています。

練習でも緊張感がなかったらケガをします。それと同じ理屈です。緊張感のある練習でこそ技術が上達するように、緊張した状態で試合に臨み、そのうえで好結果を出すことが自信につながります。

「オマエも200勝を目指せよ」

ライバル。皆さんにはそう呼べる存在がいますか？

今の僕には、いわゆる「宿敵」という意味でのライバルはいません。ただ、ライバルという存在が自分を突き動かすものだとするならば、該当する人はいます。いつかはあの人に追いつきたい。だから、頑張る。心のなかでずっと、ずっと、思い続けている目標の人。山本昌さんです。

神宮のクラブハウスにある自分のロッカーには、山本昌さんと僕の年度別成績表をそれぞれ貼りつけてあります。

「昌さんは◯歳のシーズンではこれだけ勝ってるな」

いつも2枚の成績表を見比べて、励みにしています。ちなみに僕は満30歳で迎えた10年シーズンまで9年間のプロ生活で通算97勝。一方、山本昌さんの場合、満30歳で迎えたのは96年シーズン。その時点での通算勝利数は88。単純な比較では僕のほうが上回っていますが、山本昌さんは27歳のシーズン（93年）に17勝、28歳のシーズン（94年）は19勝で2年連続最多勝のタイトルを獲得されています。絶対的な存在という部分では、僕のはるか前方を山本昌さんは走っています。

その目標の人に、こんな言葉をかけてもらったことがあります。

「オマエも200勝を目指せよ。同じ年齢で比べれば、オレよりオマエのほうが勝ってるじゃないか」

200勝。まだまだ現実感の乏しい数字です。しかし、目標の人から「オマエも目指せよ」と言われ、とてつもなくうれしかったことを覚えています。

プロ野球選手という働き場所を与えていただき、そのなかで巡ってきたチャンス。ユニフォームを着ている以上、悔いだけは残したくない。その気になれば道は開ける。これが200勝という大きな数字に対する、現段階での決意です。

11年5月14日の横浜戦で通算100勝を達成することができました。200勝のちょうど半分ですが、これさえプロ入り当初はまるで考えられない数字でした。しかし、だからと言って「よくぞここまで来た」と現状に満足してしまったら、その瞬間に歩みは止まります。

「石川さんは07年シーズンが転機になりましたね」

いろいろな方からよくこう言われるのですが、07年が転機だったかどうかは、引退してみて初めて分かることだと思っています。もしかしたらこれから先、07年以上の暗闇が待っているかもしれない。正直、不安はあります。でも、だからこそ練習をするのです。一日一日を大切に。休日は引退したらナンボでももらえます。

200勝という頂に向かって、ひたすら突っ走る。そして、一歩でも山本昌さんに近づくことができれば、それが恩返しになると思っています。

かっこいいパパであり続けたい

僕にはふたりの息子がいます。上の子が6歳、下の子が2歳。長男はすでに野球チームに加入していますし、次男もお兄ちゃんのマネをしてよく野球ゴッコをしています。ヤクルト戦の中継が始まると、テレビの前に座って僕の応援をしてくれるのですが、10年シーズンの序盤、開幕からなかなか勝てずに苦しんでいた時期、長男が妻に向かってこう言ったそうです。

「パパはきょうも負けるのかな。見たくないから、チャンネルを替えて」

妻からこのことを聞かされたときは、ただただ心が痛くて……。長男は僕と顔を合わせても野球の話題を口にしようとはせず。まだ幼い子供にまで気を使わせてしまい、本当につらい日々でした。

当時はヤクルトファンの皆さんにも多大なるご迷惑とご心配をおかけしましたが、それまで自分がやってきたことを信じて、調整法や投球フォームを大きく変えることなく、いつもと同じことを積み重ねた結果、トンネルを脱出。そして、ついには通算100勝という大きな区切りの数字にも到達することができました。

ただ、試合当日のお立ち台でも言ったように、この100勝は自分ひとりの力で成し遂げたものではありません。「はじめに」でも書きましたが、僕を使い続けてくれた歴代の監督はじめ、コーチ、チームメート、裏方のチームスタッフ。さらには、いつも熱い声援を送り続けてくれるファンの方々。そういう人たちの支えがあってこその100勝です。

加えて、家族の存在。プロ野球選手としてプレーできる体にまで育ててくれた両親は言うまでもなく、妻にも感謝の気持ちでいっぱいです。どんなときも明るく振る舞い、家庭を守ってくれる妻がいるからこそ、僕は野球に集中することができます。

今後、いつまで現役でいられるか。それは分かりませんが、支えてくれる人たちの思いに応えるためにも、1年でも長く、1試合でも多く、1イニングでも多く、1球でも多く、プロ野球選手としてプレーしたい。そして、ふたりの息子に対してはかっこいいパパであり続けたい。僕はそう考えています。

野球の神様から何かひとつもらえるとしたら

先発前夜。

僕は眠りにつく前、翌日の投球のシミュレーションをします。相手チームの打線を想定して、一番バッターから順番に「コレを投げて、アレを投げて……」と考えていくのですが、結構打たれてしまいます。

「やべえ、満塁になっちゃった。やべえ、次は金本さんだ」みたいな。

無理やりネガティブな方向で考えているわけではなく、抑えるイメージを持つこともあるのですが、なぜか打たれることが多い。でも、これが先発前夜のルーティーン。どんなにイメージのなかで打たれても、考えることで落ち着きます。

打順がひと回りして、ふた回りして……。いつしか眠りに落ちます。そして、太陽が昇り目覚めれば、その瞬間からはプラス思考。スイッチを切り替えます。

いろいろとメンタル面について書いてきましたが、そもそも僕はナニクソと思って投げるタイプ。プロ入り当初はマウンドで熱くなっていました。

マスクをかぶっていた古田さんによく言われたものです。

「オマエは技巧派なのに、気持ちは速球派だな。すぐカッカしてどんどこ行ってしまう。気持ちも技巧派になれよ」

当時は打たれたくない、その一心でした。次のバッターを見る余裕はなく、打たれると余計にどんどこ行ってしまう。真ん中にストライクを集めた挙句、ボカスカ打たれました。

たとえ球が遅くても、バッタバッタと三振を取りたい。それこそ150キロのストレートも投げてみたい。そんなことも考えていました。

でも、今は違います。

「野球の神様が何かひとつ、ほしいものをプレゼントしてくれるとしたら、何がいいですか?」

こう聞かれても、150キロのストレートとは答えません。ないものねだりをしても仕方がない。もし、何かひとついただけるのであれば、「いくら投げても内野ゴロになるボールをください」。僕はそう答えます。

現状、僕が最大の快感を覚えるのは、バッターの体勢を崩して内野ゴロを打たせたときです。

したがって、結果的にゴロの打球が野手と野手の間を抜けてヒットになったとしても、自分としてはノープロブレム。たとえヒットを3本打たれてもホームにかえさなければいいという感覚で投げています。「エコ」という時代の流れには明らかに逆行していますが、僕のようなピッチャーはいろんなことを考えながら、頭で投げていくしかない。そして、こういう男でもやりようによっては強打者を抑えられる。

頭で投げる。

だから野球は楽しいし、それだけ奥の深いスポーツだと思います。

子供たちに、最後のアドバイスを送ります。それは「聞き魔になろう」ということです。

僕も青木選手のように打てるんじゃないか、と思ってアドバイスをもらっていることはすでに書きましたが、学生時代から「なぜ?」と感じることがあれば、いろんな人に話を聞きまくっていました。疑問が浮かべば、ほったらかしにしない。高校のころは先生に次々と質問を浴びせ、嫌がられるほどでした。

そして今も、あの選手はどうやってカーブを投げているんだろうと思ったら、相手が高校を卒業したばかりのルーキーでも、僕は近づいていって頭を下げます。

どこに、自分にとってのヒントが転がっているか分からない。

何が自分を成長させてくれるか分からない。

もっともっと自分はうまくなれるんじゃないか、と無限の可能性を信じることができたのなら、聞き魔になりましょう。アンテナをめいっぱい張りましょう。

さて、先ほどの野球の神様からのプレゼントについて。「内野ゴロになるボール」がほしいという僕の答えに「おや？」と思われた方がいるかもしれません。

「本当にほしいのは、身長じゃないの？」

確かに、今でも180センチぐらいあったらいいなあ、とは思います。しかし、もう身長に対するコンプレックスはありません。小さい人は野球ができないというルールがあるわけではないのです。

僕はマウンドに立ったら、身長が180センチ以上あるつもりで投げています。自分が大将なんだという気持ちで投げています。

ただし、現実にはスゴイ球を投げられるわけではないので、バッターにしてみれば「いつかは打てる」という感覚だと思います。

でも、これぞ僕の望むところです。

なめられて結構。大いになめてください。

身長が低いピッチャーの生きる道が、ここにあります。

「石川投手のピッチングを見ていて勇気をもらいました」

子供たちからこういう手紙をもらうことがあります。何よりの励みになります。

プロ野球選手として投げ続けていくなかで、子供たちから目標とされるようなプレーヤーになりたい。子供たちから尊敬されるようなプレーヤーになりたい。これは僕自身、200勝という頂とは別にもうひとつ、心に秘めている頂です。

いつの日か、ユニフォームを脱ぐそのときまで。この頂に向かっても、僕は全力で走り続けていきます。


そして、ユニフォームを脱いだら、そのあとは……。

草野球でもいいので、野球をやり続けたい。

だって、野球が大好きなもんですから。

被安打	被本塁打	与四球	与死球	奪三振	暴投	ボーク	失点	自責点	防御率
183	20	29	2	104	5	3	76	66	3.33
201	21	33	7	97	3	1	88	80	3.79
200	21	22	5	72	4	1	90	79	4.35
180	18	24	4	105	7	0	82	81	4.87
191	12	17	3	81	4	0	82	76	4.53
104	15	16	5	50	2	0	51	47	4.38
180	21	41	4	112	2	0	59	58	2.68
203	25	28	6	84	4	0	81	78	3.54
209	20	27	7	98	9	0	81	73	3.53
29	2	10	0	25	1	0	8	7	1.87
1680	175	247	43	828	41	5	698	645	3.76

データ提供:NPB BIS（記録は2011年5月14日現在）

2011年5月14日、横浜戦で通算100勝をマークした著者（右）。
ウイニングボールを手に小川淳司監督と握手を交わす

■石川雅規　年度別投手成績

年度	球団	登板	完投	完封	無四球	勝利	敗北	セーブ	投球回
2002	ヤクルト	29	2	0	2	12	9	0	178 1/3
2003	ヤクルト	30	3	0	2	12	11	0	190
2004	ヤクルト	27	1	0	0	11	11	0	163 1/3
2005	ヤクルト	26	0	0	0	10	8	0	149 2/3
2006	東京ヤクルト	29	0	0	0	10	10	0	151
2007	東京ヤクルト	26	3	2	2	4	7	0	96 2/3
2008	東京ヤクルト	30	3	1	2	12	10	0	195
2009	東京ヤクルト	29	3	0	0	13	7	0	198 1/3
2010	東京ヤクルト	28	2	1	1	13	8	0	186 1/3
2011	東京ヤクルト	5	0	0	0	3	1	0	33 2/3
通算	10年	259	17	4	9	100	82	0	1542 1/3

【タイトル・表彰・主な個人記録】
新人王：2002年
最優秀防御率：2008年
ゴールデングラブ賞：2008年
オールスターゲーム出場：2006、08年
通算100勝：2011年5月14日、対横浜5回戦（横浜）達成。
　　　　　　プロ野球128人目

石川雅規　Masanori Ishikawa

1980年1月22日、秋田県生まれ。秋田商高－青山学院大を経て、2002年に自由獲得枠で現・東京ヤクルトスワローズに入団。秋田商高時代には3年の夏に甲子園出場を果たした。青山学院大進学後は、2年の春に6勝を挙げMVPを獲得。2000年のシドニー・オリンピック日本代表にも名前を連ねた。プロ入り1年目は29試合に登板。12勝9敗、防御率3・33で新人王を受賞。その後もチームのエースとして活躍を続け、2008年には最優秀防御率のタイトルを獲得している。2011年には4年連続通算6度目の開幕投手を務めた。5月14日の横浜戦で通算100勝を達成。

頭《あたま》で投《な》げる。

2011年5月31日　第1版第1刷発行
2011年7月21日　第1版第2刷発行

著者　石川雅規
発行人　池田哲雄
発行所　株式会社ベースボール・マガジン社
〒101-8381　東京都千代田区三崎町3-10-10
電話　03-3238-0181（販売部）
03-3238-0285（出版部）
振替口座　00180-6-46620
http://www.sportsclick.jp/
装丁　木村裕治　金田一亜弥（木村デザイン事務所）
マークデザイン　金田一亜弥（木村デザイン事務所）
印刷・製本　大日本印刷株式会社
本文製版　株式会社吉田写真製版所

Printed in Japan
ISBN978-4-583-10369-3 C0275